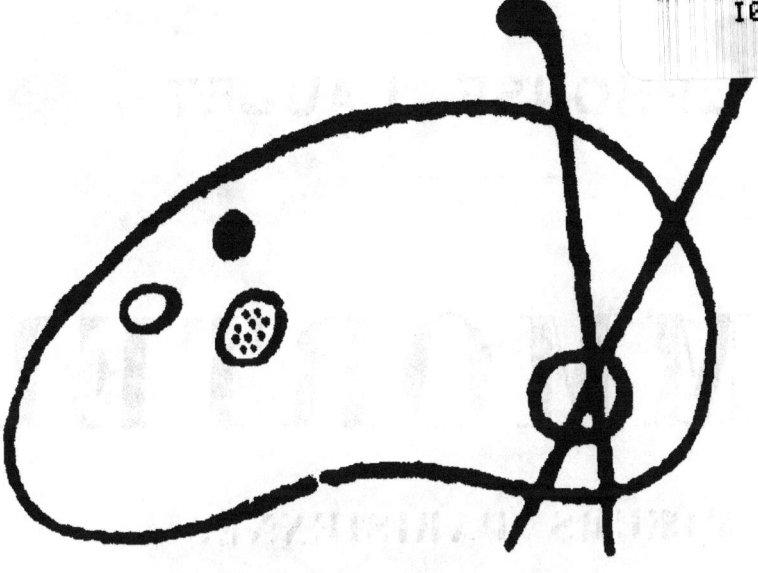

Début d'une série de documents en couleur

ALPHONSE DAUDET

L'IMMORTEL

MŒURS PARISIENNES

DIX-NEUVIÈME MILLE

PARIS

ALPHONSE LEMERRE, ÉDITEUR

27-31, PASSAGE CHOISEUL, 27-31

1888

A LA MÊME LIBRAIRIE

ŒUVRES COMPLÈTES
DE
ALPHONSE DAUDET

Édition petit in-12, papier vélin.

Lettres de mon Moulin, 1 vol.	6 fr.
Le Petit Chose, 1 vol.	6 »
Contes du Lundi, 1 vol.	6 »
Fromont jeune et Risler aîné, 1 vol.	6 »
Jack, 2 vol.	10 »
Les Femmes d'Artistes. — Robert Helmont, 1 vol.	6 »
Numa Roumestan, 1 vol.	6 »
Tartarin de Tarascon, 1 vol.	6 »
Sapho, 1 vol.	6 »
Le Nabab, 2 vol.	10 »
Les Rois en Exil, 1 vol.	6 »
Les Amoureuses, 1 vol.	6 »
L'Évangéliste, 1 vol.	6 »
Tartarin sur les Alpes, 1 vol.	6 »
Théâtre, 1 vol.	6 »
6 Eaux-fortes dessinées et gravées par Félix Buhot, pour illustrer les *Lettres de mon Moulin*	10 fr.

Seule Édition complète des Œuvres d'A. Daudet

Paris. — Imp. A. Lemerre, 25, rue des Grands-Augustins.

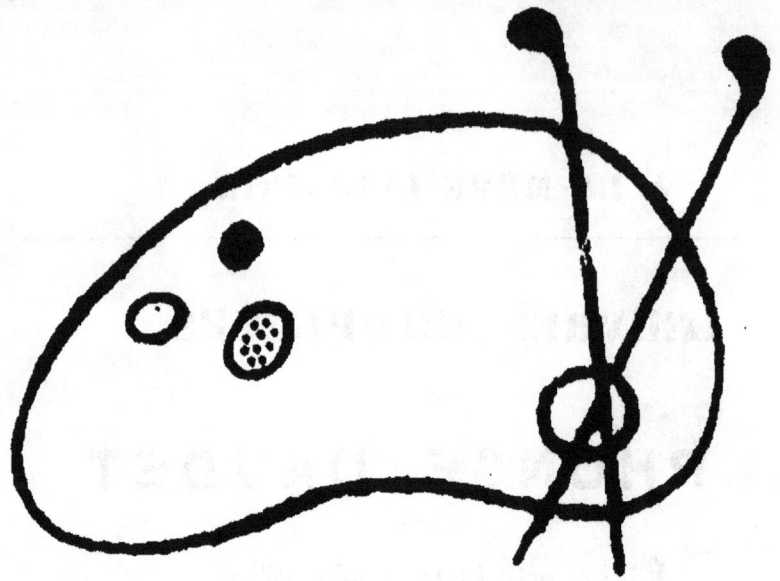

Fin d'une série de documents en couleur

r. y²
22384

L'IMMORTEL

Tous droits réservés.

ALPHONSE DAUDET

L'IMMORTEL

MOEURS PARISIENNES

PARIS

ALPHONSE LEMERRE, ÉDITEUR

27-31, PASSAGE CHOISEUL, 27-31

1888

A mon cher Philippe Gille

Comme au plus parisien de mes amis de lettres

J'offre cette étude de mœurs

                        A. D

L'IMMORTEL

I

On lit dans le *Dictionnaire des Célébrités contemporaines*, édition de 1880, à l'article Astier-Réhu :

« *Astier*, dit *Astier-Réhu* (Pierre-Alexandre-Léonard), de l'Académie française, né en 1816, à Sauvagnat (Puy-de-Dôme) chez d'humbles cultivateurs, montra dès son plus jeune âge de rares aptitudes pour l'histoire. De solides études, comme on n'en fait plus maintenant, commencées au collège de Riom, terminées à Louis-le-Grand où il devait revenir plus tard professeur, lui ouvrirent toutes grandes les portes de l'École Normale supérieure. Il en sortit pour occuper la chaire d'histoire au lycée de Mende; c'est là que fut écrit l'Essai sur Marc-Aurèle, (couronné par l'Académie française). Appelé l'année suivante à Paris par M. de Salvandy, le jeune et brillant professeur sut reconnaître l'intelligente faveur dont il avait été l'objet en publiant coup sur coup : Les grands ministres de Louis XIV (couronné par l'Académie française), — Bonaparte et le Concordat (couronné par l'Académie française), — et cette admirable Introduction à l'Histoire de la Maison d'Orléans, portique grandiose de l'œuvre à laquelle l'historien devait donner vingt ans de sa vie. Cette fois, l'Académie n'ayant plus de couronne à lui offrir, le fit asseoir parmi ses élus. Il était déjà un peu de la maison, ayant épousé Mlle Réhu, fille du regretté Paulin Réhu, le célèbre architecte, membre de l'Académie des Inscriptions et Belles Lettres, petite-fille du vénérable Jean Réhu, doyen de l'Académie française, l'élégant traducteur d'Ovide, l'auteur des Lettres à Uranie, dont la verte vieillesse fait l'admiration de l'Institut.

On sait avec quel noble désintéressement, appelé par M. Thiers, son collègue et ami, aux fonctions d'archiviste des Affaires étrangères, Léonard Astier-Réhu se démit de sa charge au bout de quelques années (1878), refusant de courber sa plume et l'impartialité de l'Histoire devant les exigences de nos gouvernants actuels. Mais, privé de ses chères archives, l'écrivain a su mettre ses loisirs à profit. En deux ans, il nous a donné les trois derniers volumes de son histoire et nous annonce prochainement un Galilée inconnu d'après les documents les plus curieux et les plus inédits. Tous les ouvrages d'Astier-Réhu sont en vente chez Petit-Séquard, à la librairie académique. »

L'éditeur du Dictionnaire des « Célébrités » laissant à chaque intéressé le soin de se raconter lui-même, l'authenticité de ces notes biographiques ne saurait être mise en doute. Mais pourquoi dire que Léonard Astier-Réhu avait donné sa démission d'archiviste, quand personne n'ignore qu'il fut destitué, mis à pied comme un simple cocher de fiacre, pour une phrase imprudente échappée à l'historien de la Maison d'Orléans, tome v, page 327 : « Alors comme aujourd'hui, la France, submergée sous le flot démagogique... »

Où peut conduire une métaphore! Les douze mille francs de sa place, un logement au quai d'Orsay, chauffage, éclairage, en plus ce merveilleux trésor de pièces historiques où ses livres avaient pris vie ; voilà ce que lui emporta ce « flot démagogique, » son flot! Le pauvre homme ne s'en consolait pas. Même après deux ans écoulés, le regret du bien-être et des honneurs de son emploi lui mordait le cœur, plus vif à certains jours, à certaines dates du mois ou de la semaine, et principalement le jour de Teyssèdre.

C'était le frotteur, ce Teyssèdre. Il venait de fondation chez les Astier le mercredi ; et l'après-midi du même jour, Mme Astier recevait dans le cabinet de travail de son mari, seule pièce présentable de ce troisième étage de la rue de Beaune, débris d'un beau logis, majestueux de plafond, mais terriblement incommode. On se figure le désarroi où ce mercredi, revenant chaque semaine, jetait l'illustre historien interrompu dans sa production laborieuse et méthodique ; il en avait pris en haine le frotteur, son « pays », à la face jaune, fermée et dure comme son pain de cire, ce Teyssèdre qui, sous prétexte qu'il était de Riom, « tandis que meuchieu Achtier n'était que de Chauvagnat, » bousculait sans respect la lourde table encombrée de cahiers, de notes, de rapports, chassait de pièce en pièce le pauvre grand homme, réduit à se réfugier dans une soupente prise sur la hauteur de son cabinet, où, bien que de taille médiocre, il ne tenait qu'assis. Meublé d'un vieux fauteuil en tapisserie, d'une ancienne table à jeu et d'un cartonnier, ce débarras s'éclairait sur la cour par le cintre de la grande fenêtre du dessous ; cela faisait dans la muraille une porte d'orangerie, basse et vitrée, devant laquelle l'historien en labeur s'apercevait des pieds à la tête, péniblement ramassé comme le cardinal La Balue dans sa cage. C'est là qu'il se trouvait un matin, les yeux sur un vieux grimoire, quand le timbre de l'entrée retentit dans l'appartement envahi par le tonnerre de Teyssèdre.

« Est-ce vous, Fage? demanda l'académicien de sa voix de basse, cuivrée et profonde.

— Non, meuchieu Achtier... ch'est votre garchon. »

Le frotteur ouvrait, le mercredi matin, parce que Corentine habillait madame.

« Comment va le maître? » cria Paul Astier tout en filant vers la chambre de sa mère. L'académicien ne répondit pas. Cette ironie de son fils l'appelant: Maître, cher maître,... pour moquer ce titre dont on le flattait généralement, le choquait toujours.

« Qu'on fasse monter M. Fage dès qu'il viendra, dit-il sans s'adresser directement au frotteur.

— Oui, meuchieu Achtier... » Et le tonnerre recommença à ébranler la maison.

« Bonjour, m'man...

— Tiens! c'est Paul. Entre donc... Prenez garde aux plissés, Corentine. »

Madame Astier passait une jupe devant la glace; longue, mince, encore bien, malgré la fatigue des traits et d'une peau trop fine. Sans bouger, elle lui tendit sa joue veloutée de poudre qu'il frôla de sa barbe en pointe blonde, aussi peu démonstratifs l'un que l'autre.

« Est-ce que M. Paul déjeune? » demanda Corentine, une forte paysanne à teint huileux, couturé de petite vérole, assise sur le tapis comme une pastoure au pré, en train de raccommoder le bas de la jupe de sa maîtresse, une loque noire; le ton, l'attitude, trahissaient la grande familiarité dans la maison de la bonne à tout faire mal rétribuée.

Non, Paul ne déjeunait pas. On l'attendait. Il avait son boghey en bas: venu seulement pour dire un mot à sa mère.

« Ta nouvelle charrette anglaise?... Voyons! »

Mme Astier s'approcha de la fenêtre ouverte,

écarta un peu les persiennes toutes rayées d'une belle lumière de mai, juste assez pour voir le fringant petit attelage étincelant de cuir neuf et de sapin verni, et le domestique en livrée fraîche, debout à la tête du cheval qu'il maintenait.

« Oh! madame, que c'est beau!... murmura Corentine qui regardait aussi; comme M. Paul doit être mignon, là-dedans. »

La mère rayonnait. Mais des fenêtres s'ouvraient en face, du monde s'arrêtait devant l'équipage qui mettait tout ce bout de la rue de Beaune en rumeur, et, la servante congédiée, Mme Astier, assise au bord d'une chaise longue, acheva de repriser sa jupe elle-même, attendant de savoir ce que son fils avait à lui dire, s'en doutant bien un peu, quoiqu'elle parût tout attentionnée à sa couture. Paul Astier, renversé dans un fauteuil, ne parlait pas non plus, jouait avec un éventail d'ivoire, une vieillerie qu'il connaissait à sa mère depuis qu'il était né. A les voir ainsi, leur ressemblance frappait : la même chair créole rosée sur un léger bistre, la même taille souple, l'œil gris impénétrable, et dans les deux visages une tare légère, à peine visible, le nez fin, un peu dévié, donnant l'expression narquoise, quelque chose de pas sûr. Silencieux, ils se guettaient, s'attendaient, avec la brosse de Teyssèdre au lointain.

« Gentil, tout ça... », fit Paul.

Sa mère leva la tête :

« Ça, quoi ? »

Du bout de l'éventail, d'un geste d'atelier il indiquait les bras nus, le dessin des épaules tombantes sous un corsage de fine batiste. Elle se mit à rire :

« Oui, mais il y a ça... » Elle montrait son cou très long où des craquelures marquaient l'âge de la femme. « Oh ! et puis... » Elle pensa : « Qu'est-ce que ça fait, puisque tu es beau... » mais ne le dit pas. Cette parleuse renommée, rompue à tous les papotages, à tous les mensonges de société, experte à tout dire ou faire entendre, restait sans expression pour le seul sentiment véritable qu'elle eût jamais ressenti.

En réalité, Mᵐᵉ Astier n'était pas de celles qui ne peuvent se décider à vieillir. Longtemps avant l'heure du couvre-feu, peut-être aussi n'y avait-il jamais eu grand feu chez elle, toute sa coquetterie, tout son désir féminin de conquérir et de séduire, ses ambitions glorieuses, élégantes ou mondaines, elle les avait mises dans son fils, ce grand joli garçon de vingt-huit ans, à la tenue correcte de l'artiste moderne, la barbe légère, les cheveux ras au front, et dans l'allure, l'encolure, cette grâce militaire, que le volontariat laisse à la jeunesse de maintenant.

« Ton premier est-il loué ? demanda enfin la mère.

— Ah ouit ! loué !... pas un chat ! les écriteaux, les annonces, rien n'y fait... Comme disait Védrine à son exposition particulière : Je ne sais pas ce qu'ils ont, ils ne viennent pas. »

Il se mit à rire doucement : il voyait la belle fierté paisible et convaincue de Védrine au milieu de ses émaux, de ses sculptures, s'étonnant sans colère de l'abstention du public. Mais Mᵐᵉ Astier ne riait pas : ce premier superbe vacant depuis deux ans !... Rue Fortuny ! un quartier magnifique, une maison style Louis XII... bâtie par son fils, enfin !... Qu'est-ce qu'ils demandaient donc ?... Eux, ils, probablement les mêmes qui n'allaient pas chez Védrine... Et cassant entre ses dents le fil de sa couture :

« C'est pourtant une bonne affaire !

— Excellente, mais il faudrait de l'argent pour la soutenir... » Le Crédit Foncier prenait tout... puis, les entrepreneurs qui lui tombaient sur le dos... 10,000 francs de menuiserie à payer à la fin du mois, dont il n'avait pas le premier louis.

La mère, qui passait son corsage devant la glace, pâlit et se vit pâlir. Frisson de duel quand l'arme en face se lève et vous vise.

« Tu as touché la restauration de Mousseaux ?

— Mousseaux ! Il y a beau temps.

— Et le tombeau des Rosen ?

— Toujours là... Védrine n'en finit pas avec sa statue.

— Aussi pourquoi Védrine ? ton père te l'avait bien dit...

— Oui, je sais... C'est leur bête noire, à l'Institut... »

Il se leva, s'agitant par la chambre :

« Tu me connais, voyons ! Je suis un homme pratique... Si j'ai pris celui-là pour ma figure, probable que j'avais mon idée. »

Et brusquement retourné vers sa mère :

« Tu ne les as pas, toi, mes dix mille francs ? »

Voilà ce qu'elle attendait depuis qu'il était entré ; il ne venait jamais la voir que pour cela.

« Dix mille francs ?... Comment veux-tu ?... »

Sans parler davantage, le navrement de la bouche et du regard signifiait clairement ceci : « Tu sais bien que je t'ai tout donné, que je m'habille de mise-bas, que je ne me suis pas acheté un chapeau depuis trois ans, que Corentine lave mon linge à la cuisine tellement je rougirais de donner ces friperies à la blanchisseuse ; et tu sais aussi que la pire misère, c'est encore de te refuser ce que tu demandes. Alors, pourquoi le demandes-tu? » Et cette objurgation muette de sa mère était si éloquente que Paul Astier y répondit tout haut :

« Bien sûr, ce n'est pas à toi que je songeais... Toi, parbleu! si tu les avais... » Puis avec son air de blague froide :

« Mais, le maître, là-haut... Peut-être que tu obtiendrais... Tu sais si bien le prendre !

— Plus maintenant, c'est fini...

— Mais pourtant, il travaille, ses livres se vendent, vous ne dépensez rien... »

Il inspectait, dans le demi-jour, la détresse de ce vieil ameublement, rideaux passés, tapis râpés, non renouvelés depuis trente ans, depuis leur mariage. Où passait donc tout son argent? « Ah çà!... est-ce que par hasard l'auteur de mes jours ferait la vie!... » C'était si énorme, si invraisemblable, Léonard Astier-Réhu faisant la vie, que sa femme ne put s'empêcher de rire à travers sa tristesse. Non, pour cela, elle pensait qu'on pouvait être tranquille : « Seulement, que veux-tu? il se cache, il se méfie... le paysan terre ses sous, nous lui en avons trop fait. » Ils parlaient tout bas, en complices, les yeux sur le tapis.

« Et bon papa ? fit Paul sans conviction, si tu essayais ?...

— Bon papa ? tu es fou !... »

Il le connaissait pourtant bien, le vieux Réhu et son égoïsme farouche de quasi-centenaire qui les eût tous regardés mourir plutôt que de se priver d'une prise de tabac, d'une seule des épingles dont les revers de sa redingote étaient toujours piqués. Ah ! le pauvre enfant, fallait-il qu'il fût à bout pour qu'une idée pareille lui vînt !

« Voyons !... veux-tu que je demande ?...

— A qui ?

— Rue de Courcelles... En avance sur le tombeau.

— Je te le défends bien, par exemple ! » Il lui parlait en maître, les lèvres pâles, l'œil mauvais ; puis de suite reprenant sa mine fermée, un peu railleuse :

« Ne t'occupe plus de ça... ce n'est qu'une crise à passer... J'en ai vu bien d'autres. »

Elle lui tendit son chapeau qu'il cherchait, prêt à partir puisqu'il ne pouvait rien tirer d'elle; et pour le retenir quelques instants de plus, elle lui parlait d'une grosse affaire en train, un mariage dont on l'avait chargée.

A ce mot de mariage, il tressaillit, la regarda de côté : « Qui donc ? » Elle avait juré de ne rien dire encore, mais à lui : « ... le prince d'Athis.

— Samy !... Et avec ? »

Elle aussi mit de profil son petit nez de ruse :

« Tu ne la connais pas... Une étrangère... très riche... Si je réussis, je pourrai t'aider... conditions faites, engagement par lettres... »

Il souriait, complètement rassuré :

« Et la duchesse ?

— Elle ne sait rien, tu penses !

— Son Samy, son prince, une liaison de quinze ans ! »

Madame Astier eut un geste atroce d'indifférence de femme pour une autre femme :

« Ah ! tant pis. Elle a l'âge...

— Quel âge donc ?

— Elle est de 1827... Nous sommes en 80... Ainsi, compte. Juste un an de plus que moi.

— La duchesse ! » fit Paul stupéfait. Et la mère riant :

« Eh oui ! malhonnête... Qu'est-ce qui t'étonne ? Tu la croyais, je suis sûre, vingt ans plus jeune... Mais c'est donc vrai que le plus roué de vous n'y connaît rien... Enfin, tu comprends, ce pauvre prince ne pouvait pas traîner ce licou toute sa vie, d'autant qu'un jour ou l'autre le vieux duc va mourir, il faudrait qu'il épouse. Et le vois-tu marié à cette vieille femme ?...

— Mazette ! il fait bon être ton amie. »

Elle s'emporta : La duchesse, une amie !... Oui, joliment !... Une femme qui, avec six cent mille francs de rente, intimes comme elles étaient, connaissant à fond leur détresse, n'avait jamais eu la pensée de leur venir en aide... de temps en temps une robe, un chapeau à prendre chez sa faiseuse... des cadeaux utiles... de ceux qui ne font pas plaisir...

« Les jours de l'an de bon papa Réhu, fit

Paul approuvant, ... un atlas, une mappemonde...

— Oh! je crois qu'Antonia est encore plus avare... Rappelle-toi, à Mousseaux, en pleine saison des fruits, quand Samy n'était pas là, les pruneaux qu'on nous donnait à dessert. Et pourtant, il y en a des vergers, des potagers ; mais tout est vendu sur les marchés de Blois, de Vendôme... D'abord, c'est dans le sang. Son père, le maréchal, était renommé à la cour de Louis-Philippe... Et passer pour avare, à cette cour-là !... Toutes les mêmes, ces grandes familles corses : crasse et vanité. Ça mange dans de la vaisselle plate à leurs armes des châtaignes dont les porcs ne voudraient pas... La duchesse ! mais c'est elle-même qui compte avec son maître d'hôtel... on lui monte la viande tous les matins... et le soir, dans les dentelles de son coucher, — je tiens ça du prince, — ainsi! prête pour l'amour, elle fait sa caisse. »

Mᵐᵉ Astier se dégonflait, de sa petite voix aiguë et sifflante comme un cri d'oiseau de mer en haut d'un mât. Lui, l'écoutait, amusé d'abord, puis impatient, déjà dehors.

« Je me sauve... fit-il brusquement, déjeuner d'affaires... très important...

— Une commande ?

— Non... Cette fois, pas d'architéquerie... »

Comme elle insistait curieusement pour savoir :

« Plus tard... je te dirai... c'est en train... »

Et avant de quitter sa mère, dans un baiser léger, il lui murmura près de l'oreille : « Tout de même, pense à mes dix mille... »

Sans ce grand fils qui les divisait sourdement, les Astier-Réhu auraient fait un excellent ménage selon la convention mondaine et surtout académique. Après trente ans, leurs sentiments mutuels restaient les mêmes, gardés sous la neige à la température de « couche froide, » comme disent les jardiniers. Lorsque vers 1850 le professeur Astier, lauréat de l'Institut, demanda la main de Mlle Adélaïde Réhu, domiciliée alors au palais Mazarin, chez son grand-père, la beauté fine et longue de la fiancée, son teint d'aurore, n'étaient pas pour lui le véritable attrait ; la fortune non plus, car les parents de Mⁿᵉ Adélaïde, morts subitement du choléra, n'avaient laissé que peu de chose, et le grand-père, créole de la Martinique, un ancien beau du Directoire, joueur, viveur, mystificateur et duelliste, répétait bien haut qu'il n'ajouterait pas un sou à la maigre dot. Non, ce qui séduisit l'enfant de Sauvagnat, bien plus ambitieux que cupide, ce fut l'Académie. Les deux grandes cours à traverser pour apporter le bouquet journalier, ces longs corridors solennels, coupés de bouts d'escaliers poussiéreux, c'était pour lui le chemin de la gloire bien plus que celui de l'amour. Le Paulin Réhu des Inscriptions et Belles Lettres, le Jean Réhu des « Lettres à Uranie, » l'Institut tout entier, ses lions, sa coupole, ce dôme attirant comme une Mecque, c'est avec tout cela qu'il avait couché, sa première nuit de noces.

Beauté qui ne s'éraille pas, celle-là, passion sur laquelle le temps n'avait pu mordre et qui le tenait si fort qu'il garda, vis-à-vis de sa femme, l'attitude d'un de ces mortels des temps mythologiques à qui les dieux accordaient parfois leurs filles. Devenu dieu lui-même, à quatre tours de scrutin, ce respect subsista encore. Quant à M⁻ᵉ Astier qui n'avait accepté le mariage que comme un moyen de quitter le grand-père à anecdotes, égoïste et dur, il lui avait fallu peu de temps pour juger quel pauvre cerveau de paysan laborieux, quelle étroitesse d'intelligence cachaient la solennité du lauréat académique fabricant d'in-octavos, sa parole à son d'ophicléide faite pour les hauteurs de la chaire. Pourtant, après qu'à force d'intrigues, de démarches, de quémandes, elle fut parvenue à l'installer académicien, elle se sentit prise d'une certaine vénération, oubliant qu'elle-même l'avait revêtu de cet habit à palmes vertes où sa nullité disparaissait.

En cette parfaite association, sans joie, ni intimité ni communication d'aucune sorte, une seule note humaine et naturelle, l'enfant; et cette note troubla l'harmonie. Tout d'abord rien ne se réalisa de ce que le père voulait pour son fils, lauriers universitaires, nominations au grand concours, puis l'École Normale et le professorat. Paul, au lycée, n'eut que des prix de gymnastique et d'escrime, se distingua surtout par une cancrerie volontaire, entêtée, cachant un esprit pratique et le sens précoce de la vie. Soigneux de sa tenue, de sa figure, il n'allait jamais en promenade sans l'espoir hautement déclaré entre gamins, de « lever une femme riche. » Deux ou trois fois, devant le parti-pris de paresse, le père avait voulu sévir brutalement, à l'auvergnate; mais la mère était là pour excuser et protéger. Astier-Réhu grondait, faisait claquer sa mâchoire, cette mâchoire en avant qui lui avait valu le surnom de Crocodilus aux années de professorat; en dernière menace il parlait de faire sa malle et de s'en retourner planter ses vignes à Sauvagnat.

« Oh! Léonard, Léonard... » disait Mᵐᵉ Astier doucement narquoise; et il n'en était pas autre chose. Un jour, pourtant, il faillit la boucler pour de bon, sa malle, quand après trois ans d'architecture à l'école des Beaux-Arts, Paul Astier refusa de concourir pour le prix de Rome. Le père bégayait d'indignation : « Malheureux, mais Rome... tu ne sais donc pas... Rome, c'est l'Institut ! » Le garçon se moquait bien de cela. Ce qu'il voulait, c'était la fortune, et l'Institut ne la donnait guère, à preuve son père, son grand-père et son aïeul le vieux Réhu. Se lancer, brasser des affaires, beaucoup d'affaires, gagner de l'argent tout de suite, voilà ce qu'il ambitionnait, lui, et pas de palmes sur habit vert !

Léonard Astier suffoquait. Entendre son fils proférer de tels blasphèmes, et sa femme, la fille des Réhu, les approuver ! Pour le coup, la malle fut descendue du grenier, son ancienne malle de professeur de province, ferrée de clous, de gonds, comme un portail de temple, et haute et profonde, assez pour avoir tenu l'énorme manuscrit de « Marc-Aurèle, » et tous les rêves glorieux, les ambitions de l'historien en marche sur l'Académie. Mme Astier eut beau dire, en pinçant sa bouche : « Oh ! Léonard... Léonard... » rien ne l'empêcha de la faire, sa malle. Pendant deux jours elle encombra le milieu du cabinet, puis elle passa dans l'antichambre d'où elle ne bougea plus, changée définitivement en coffre à bois.

De fait, pour commencer, Paul Astier triompha ; par sa mère et ses hautes relations mondaines, aussi son habileté et sa grâce personnelles, il eut vite des travaux qui le mirent en vue. La duchesse Padovani, femme de l'ancien ambassadeur et ministre, lui confiait la restauration de ce merveilleux château de Mousseaux-sur-la-Loire, vieille demeure royale restée longtemps à l'abandon et à laquelle il sut restituer son caractère avec une adresse, une ingéniosité vraiment bien surprenantes chez ce médiocre écolier des Beaux-Arts. Mousseaux lui valut le nouvel hôtel de l'ambassade Ottomane; enfin la princesse de Rosen lui confiait le mausolée du prince Herbert mort tragiquement dans l'expédition de Christian d'Illyrie. Dès lors, le jeune homme se crut maître de la fortune; le père Astier entraîné par sa femme donna quatre-vingt mille francs de ses économies, pour l'achat d'un terrain, rue Fortuny, où Paul se fit construire un hôtel, plutôt une aile d'hôtel taillée dans une élégante maison de rapport, car c'était un garçon pratique, et s'il voulait un hôtel comme tous les artistes chics, il fallait que cet hôtel lui servît des rentes.

Par malheur les maisons de rapport ne se louent pas toujours commodément, et le train de vie du jeune architecte, deux chevaux à l'écurie, l'un de trait, l'autre pour la selle, le cercle, le monde, les rentrées difficilement faites, tout cela lui ôtait le moyen d'attendre. De plus, le père Astier déclara subitement qu'il ne donnerait rien désormais, et tout ce que la mère put tenter ou dire pour son fils chéri se heurta contre cette décision irrévocable, cette résistance à sa volonté personnelle, jusque-là prépondérante dans le ménage. Ce fut dès lors une lutte continuelle, la mère rusant, trafiquant sur la dépense comme un intendant infidèle, pour ne jamais dire non aux demandes d'argent de son fils, Léonard se méfiant et se défendant, vérifiant les notes. En cet humiliant débat, la femme, plus distinguée, se lassait la première; et vraiment il fallait que son Paul fût aux abois pour qu'elle se hasardât à une nouvelle tentative.

En entrant dans la salle à manger, longue et triste, à peine éclairée de hautes fenêtres étroites où l'on atteignait par deux marches — avant eux c'était une table d'hôte pour ecclésiastiques, — Mᵐᵉ Astier trouva son mari déjà à table, l'air préoccupé, presque grognon. D'ordinaire, pourtant, le maître apportait aux repas une sérénité souriante, égale, comme son appétit aux intactes dents de chien de montagne auxquelles rien ne résistait, ni le pain rassis, ni la viande coriace et les noirs contretemps divers dont l'assaisonne chaque journée de la vie.

« Le jour de Teyssèdre, sans doute... » pensa Mᵐᵉ Astier, et elle s'assit dans le frou de sa robe de réception, un peu surprise de ne pas recevoir le compliment dont il ne manquait jamais d'accueillir, le mercredi, sa toilette pourtant bien minable. Comptant que cette mauvaise disposition se dissiperait aux premières bouchées, elle attendit pour commencer l'attaque. Mais le maître, qui dévorait quand même, montrait une humeur croissante : le vin sentait le bouchon... les boulettes de bœuf bouilli étaient brûlées.

« Tout ça parce que votre M. Fage vous a fait poser ce matin, » cria de la cuisine à côté Corentine furieuse, dont la face luisante et couturée apparut au guichet percé dans la muraille par où l'on passait les plats du temps de la table d'hôte. Quand elle l'eut refermé violemment, Léonard Astier murmura : « Cette fille est d'une impudence!... » au fond, très gêné que ce nom de Fage eût été prononcé devant sa femme. Et bien sûr qu'en tout autre moment Mᵐᵉ Astier n'aurait pas manqué de dire : « Ah! Ah!... encore ce Fage... encore votre relieur... » et qu'une scène de ménage eût suivi, sur laquelle Corentine comptait bien en jetant sa phrase perfide. Mais aujourd'hui il s'agissait de ne pas irriter le maître, de l'amener, au contraire, par d'habiles préparations à ce qu'on voulait de lui; en l'entretenant, par exemple, de la santé de Loisillon, le secrétaire perpétuel de l'Académie, qu'on disait de plus en plus bas. Le poste de Loisillon, son appartement à l'Institut, devaient revenir à Léonard Astier comme une compensation à l'emploi qu'il avait perdu, et quoique lié de cœur avec ce collègue mourant, l'espoir d'un bon traitement, d'un logis aéré, commode, et quelques autres avantages, enveloppaient cette fin prochaine de perspectives agréables dont Léonard avait honte peut-être, mais qu'il envisageait naïvement dans l'intimité de son ménage. Eh bien ! non, même cela ne le déridait pas aujourd'hui.

« Pauvre M. Loisillon, sifflait Mᵐᵉ Astier, voilà que maintenant il ne trouve plus ses mots : Lavaux nous racontait, hier, chez la duchesse, il ne sait plus dire que « bi...bibelot.... bi... bibelot ! » — Elle ajouta, pinçant ses lèvres, son long cou dressé : « Et il est de la commission du dictionnaire. »

Astier Réhu ne sourcilla pas.

« Le trait a du bon... dit-il en faisant claquer sa mâchoire, l'air doctoral... Mais j'ai écrit quelque part dans mon histoire : En France il n'y a que le provisoire qui dure... » Il prononçait histoâre, provisoâre... « Voilà dix ans que Loisillon est à la mort... Il nous enterrera tous. » Il répéta furieux, tirant sur son pain dur : « tous... tous... »

Décidément, Teyssèdre l'avait tout à fait mal tourné.

Alors Mᵐᵉ Astier parla de la grande séance des cinq Académies, proche de quelques jours et à laquelle assisterait le grand-duc Léopold de Finlande. Justement Astier-Réhu, directeur pour ce trimestre, devait présider la séance et prononcer le discours d'ouverture avec un compliment à Son Altesse. Et adroitement interrogé sur ce discours dont il formait déjà le plan, Léonard en indiqua les grandes lignes, une charge à fond contre l'école littéraire moderne, de solides étrivières données publiquement à ces bélîtres, à ces babouins !...

Ses larges prunelles de gros mangeur s'allumaient dans sa face carrée où le sang montait sous l'épaisse broussaille des sourcils restés d'un noir de houille, en contraste avec le collier de barbe blanche.

« A propos, dit-il brusquement, et mon habit?... l'a-t-on visité?... Quand je le mis la dernière fois, pour enterrer Montribot... »

Mais, est-ce que les femmes ne pensent pas à tout? Mme Astier l'avait soigneusement visité, le matin même, cet habit de cérémonie. La soie des palmes s'éraillait, la doublure ne tenait plus. Un vieil habit, dam!... qui datait de... Eh! mon Dieu, de sa réception... 12 octobre 1866... Le mieux serait de s'en commander un neuf pour la séance. Les cinq Académies, une Altesse, tout Paris qui viendrait... On leur devait bien cela.

Léonard se défendait mollement, prétextant de la dépense trop forte. Avec l'habit, il faudrait renouveler le gilet, tout au moins le gilet, puisque le pantalon ne se porte plus.

« C'est nécessaire, mon ami. »

Elle insistait. Sans y prendre garde ils devenaient ridicules à force d'économie. Bien des choses autour d'eux vieillissaient; ainsi le meuble de sa chambre... elle en était honteuse, quand une amie entrait... pour une somme relativement minime...

« Ouais !... quelque sot !... » fit tout bas Astier-Réhu qui empruntait volontiers au répertoire classique. Le pli de son front se creusa, fermant comme d'une barre de volet sa face un moment large ouverte. Tant de fois il avait donné de quoi solder une facture de modiste, de couturière, renouveler des tentures, le linge des armoires, et puis rien n'était réglé ni acheté, l'argent filait rue Fortuny chez le mange-tout; maintenant, assez, on ne l'attrapait plus. Il arrondit son dos, baissa les yeux dans son assiette qu'emplissait une tranche énorme de fromage d'Auvergne, et ne parla plus.

M°™° Astier connaissait ce silence têtu, cette molle résistance de balle de coton sitôt qu'entre eux il était question d'argent; mais cette fois, elle s'était juré de le faire répondre.

« Ah ! vous vous mettez en boule... On sait ce que ça veut dire, quand vous faites le hérisson !... Pas d'argent, n'est-ce pas ? du tout, du tout, du tout ? »

Le dos s'arrondissait de plus en plus.

« Vous en trouvez cependant pour M. Fage... »

Léonard Astier tressaillit, redressé, regardant sa femme avec inquiétude... De l'argent !... lui !... à M. Fage !...

« Voyons, ça coûte, vos reliures... continua-t-elle enchantée de l'avoir forcé dans ses résistances silencieuses, et quel besoin, je vous demande un peu, pour toutes ces paperasses ? »

Il se rassura. Évidemment elle ne savait rien, tirait au hasard. Mais ce mot de paperasses lui restait sur le cœur; des pièces autographiques sans rivales, des lettres signées Richelieu, Colbert, Newton, Galilée, Pascal, des merveilles acquises pour un morceau de pain et qui représentaient une fortune. « Oui, madame, une fortune. » Il se montait, citait des chiffres, des offres qu'on lui avait faites, Bos, le fameux Bos de la rue de l'Abbaye, et il s'y connaissait, celui-là ! prêt à donner vingt mille francs rien que pour trois pièces de la collection, trois lettres de Charles-Quint à François Rabelais.

« Des paperasses, ah! oui-da! »

Mᵐᵉ Astier l'écoutait stupéfaite. Elle savait bien que depuis deux ou trois ans il s'était mis à collectionner des vieux papiers, il lui parlait quelquefois de ses trouvailles, qu'elle écoutait de cette oreille distraite et vague d'une femme qui entend la même voix d'homme depuis trente ans ; mais jamais elle n'aurait pu supposer... Vingt mille francs pour trois pièces !... et comment n'acceptait-il pas?

Le bonhomme éclata comme un coup de mine :

« Vendre mes Charles-Quint !... Jamais !... Je vous verrais tous manquer de pain, aller aux portes, je n'y toucherais pas, entendez-vous ! » Il frappait sur la table, très pâle, la bouche en avant, maniaque et féroce ; un Astier-Réhu extraordinaire que sa femme ne connaissait pas. Les êtres ont ainsi dans le rayonnement subit d'une passion des aspects ignorés de leurs plus intimes. Presque aussitôt, redevenu très calme, l'académicien s'expliqua, un peu honteux; ces documents lui étaient indispensables pour la confection de ses livres, maintenant surtout qu'il n'avait plus les archives des Affaires étrangères. Vendre ces matériaux, ce serait renoncer à écrire ! Aussi songeait-il plutôt à les accroître. Et finissant sur une note amère et tendre où l'on sentait tous les regrets, toutes les déceptions de sa paternité : « Après moi, monsieur mon fils vendra, s'il lui convient, et puisqu'il ne veut qu'être riche, je vous garantis qu'il le sera.

— Oui, mais en attendant... »

Ce fut dit, cet « en attendant, » d'un petit ton flûté si monstrueusement naturel et tranquille, que Léonard, outré de jalousie contre ce fils qui lui tenait tout le cœur de sa femme, riposta dans un solennel coup de mâchoire :

« En attendant, madame, que les autres fassent comme moi... Je n'ai pas d'hôtel, moi, ni de chevaux, ni de charrette anglaise. Le tramway me suffit pour mes courses et, comme appartement, un troisième sur entresol où je suis la proie de Teyssèdre; je travaille nuit et jour, j'entasse les volumes, deux, trois in-8° par an, je suis de deux commissions de l'Académie, je ne manque pas une séance, je figure à tous les enterrements, et même, l'été, je n'accepte aucune invitation de campagne pour ne pas perdre un seul jeton. Je souhaite à monsieur mon fils, quand il aura soixante-cinq ans, de montrer le même courage! »

C'était la première fois depuis longtemps qu'il parlait de Paul, et avec cette âpreté. La mère en restait saisie, et dans le regard en dessous, presque cruel, qu'elle jetait à son mari, perçait comme un respect qui n'y était pas tout à l'heure.

« On sonne... dit vivement Léonard, déjà levé, la serviette au dos de sa chaise... Ce doit être mon homme.

— Quelqu'un pour madame... Ils commencent de bonne heure, aujourd'hui!... »

Corentine posait une carte au bord de la table, de ses gros doigts de cuisine essuyés vivement à son tablier. Mᵐᵉ Astier regarda la carte, « Vicomte de Freydet; » un éclair traversa ses yeux... Et tout haut, d'un ton posé qui cachait sa joie : « M. de Freydet est donc à Paris?...

— Oui, pour son livre...

— Ah! mon Dieu! son livre... Et moi qui ne l'ai pas encore coupé... De quoi ça parle-t-il, ce livre-là?... »

Elle précipitait ses dernières bouchées, lavait le bout de ses doigts blancs dans son verre pendant que son mari lui donnait distraitement quelques notions sur le nouveau volume de Freydet... *Dieu dans la Nature*, poème philosophique... En instance pour le prix Boisseau...

« Oh! il l'aura, n'est-ce pas?... Il faut qu'il l'ait... Ils sont si gentils, lui et sa sœur... Il est si bon pour cette pauvre paralytique. »

Astier eut un geste évasif. Il ne pouvait répondre de rien, mais il recommanderait certainement Freydet, qui lui semblait en progrès réel. « Mon appréciation personnelle, s'il vous la demande, est celle-ci: il y en a encore un peu trop pour mon goût, mais beaucoup moins que dans ses autres livres. Et dites-lui que son vieux maître est content. »

De quoi y avait-il trop? de quoi y avait-il moins? Mᵐᵉ Astier le savait probablement, car sans demander d'explications, elle sortit de table et passa, toute légère, dans le cabinet transformé en salon pour ce jour-là.

Derrière elle, Léonard Astier, de plus en plus préoccupé, émietta quelques instants avec son couteau ce qu'il restait de fromage d'Auvergne dans son assiette; puis dérangé de ses réflexions par Corentine, qui desservait en hâte sans prendre garde à lui, il se leva péniblement, et remontant dans sa soupente par un petit escalier en échelle de moulin, il vint reprendre sa loupe et le vieux grimoire dont l'examen l'absorbait depuis le matin.

II

« Hep!... hep!... » Sur le charreton à deux roues qu'il conduit lui-même, correct et droit, les guides hautes, Paul Astier file bon train vers son mystérieux déjeuner d'affaires : le Pont-Royal, les quais, la place de la Concorde. Dans ce décor de terrasses, de verdure et d'eau, avec un peu de fantaisie en tête, il pourrait croire que c'est l'aile de la fortune qui l'emporte, tant la route est unie, la matinée splendide; mais le garçon n'a pas le crâne mythologique et, tout en roulant, il inspecte les cuirs neufs de l'attelage, s'informe du grainetier au jeune groom râblé, tassé auprès de lui, l'air blagueur et rageur d'un petit ratier d'écurie. Encore un, paraît-il, ce grainetier, qui renâcle sur la fourniture. « Ah ! » fait Paul distraitement, occupé déjà d'autre chose. Les confidences de sa mère lui trottent dans l'esprit... Cinquante-trois ans, la belle Antonia !... Ce dos, ces épaules, le plus parfait décolletage de la saison. Ce n'est pas Dieu croyable !... « Hep ! là... » Il se la rappelle à Mousseaux, l'été dernier, levée avant tout le monde, courant le parc avec ses chiens dans la rosée, cheveux au vent, la bouche fraîche... Ça n'avait pourtant pas l'air d'une femme fabriquée... même qu'un jour, en landau, il s'est fait remiser, oh ! mais remiser, sans un mot, rien que d'un coin d'œil, comme un domestique, pour avoir seulement frôlé une jambe d'Hébé, longue, fine, solide... Cinquante-trois ans, cette jambe-là, jamais de la vie !... « Hep ! hep ! gare donc ! Est-il traître, ce tournant du rond-point et de l'avenue d'Antin... » C'est égal ! un sale coup qu'on lui monte, à cette pauvre femme, de lui marier son prince. Car enfin, m'man a beau dire, le salon de la duchesse leur a rudement servi à tous... Est-ce que le père serait de l'Académie, sans elle? lui-même, toutes ses commandes... Et l'héritage Loisillon, la perspective de ce beau logement sous la coupole... Non, décidément, les femmes, comme rosserie!... Et avec ça que les hommes... Ce d'Athis, quand on pense tout ce qu'elle a fait pour lui... Ruiné, vidé, une loque, lorsqu'ils se sont connus. Aujourd'hui, ministre plénipotentiaire, membre de l'Académie des sciences morales et politiques pour un livre dont il n'a pas écrit un mot : *La Mission de la femme dans le Monde!* Et pendant qu'elle travaille à lui décrocher une Ambassade, lui n'attend que le décret de *l'Officiel* pour filer à l'anglaise et, après quinze ans d'un bonheur sans mélange, poser à sa duchesse un de ces lapins!... En voilà un qui l'a comprise, la mission de la femme dans le monde!... Faudrait voir à ne pas être plus serin que lui... « Hep! hep!... porte, s'il vous plaît! »

Le monologue est fini, le charreton en arrêt

devant un hôtel de la rue de Courcelles dont le portail s'ouvre à deux battants, très lent, très lourd, comme faisant une besogne dont il aurait perdu depuis longtemps l'habitude.

C'est là que vivait, cloîtrée depuis son deuil et la tragique aventure qui la fit veuve à vingt-six ans, la princesse Colette de Rosen. Les chroniques du temps ont raconté le désespoir à grand fracas de ce jeune veuvage, les cheveux blonds coupés ras, jetés dans la bière, la chambre transformée en chapelle ardente, les repas solitaires, à deux couverts, et sur la table de l'antichambre, à leur place ordinaire, la canne, les gants, le chapeau du prince, comme s'il était là, comme s'il allait sortir. Mais ce dont personne n'avait parlé, c'est le dévouement affectueux, la sollicitude presque maternelle de Mme Astier pour la « pauvre petite, » en ces circonstances douloureuses.

La liaison de ces dames datait de quelques années, d'un prix décerné par l'Académie au prince de Rosen pour un ouvrage historique.

Astier-Réhu rapporteur; toutefois l'écart de l'âge, des positions, maintenait entre elles des distances que le deuil de la princesse supprima. Dans son éclatante rupture avec le monde, madame Astier fut seule exceptée; seule, elle put franchir le perron de l'hôtel changé en couvent où pleurait la pauvre Carmélite noire à tête rase; seule, elle fut admise à entendre, deux fois par semaine, la messe dite à Saint-Philippe pour le repos de l'âme d'Herbert, et aussi la lecture des lettres que Colette écrivait tous les soirs à son cher absent, lui racontant sa vie, l'emploi de ses journées. Il y a dans le deuil le plus austère des détails matériels qui déshonorent la douleur mais que veut le monde, commandes de livrées, draperies d'équipages, l'écœurant contact du fournisseur aux façons hypocrites et dolentes; de tout cela M{ᵐᵉ} Astier s'était chargée avec une patience inlassable, et prenant en tutelle cette lourde maison que de beaux yeux brouillés de larmes ne pouvaient plus conduire, elle épargnait à la jeune veuve tout ce qui dérangeait son désespoir, ses heures pour prier, pleurer, correspondre « au delà, » et porter des brassées de fleurs rares au Père-Lachaise, où Paul Astier surveillait l'érection du gigantesque mausolée en pierres commémoratives prises sur le lieu du désastre, selon le désir de la princesse.

Malheureusement, l'extraction, le transport de ces rochers dalmates, le granit dur à tailler, puis les mille projets, les changeants caprices de la veuve, qui ne trouvait rien d'assez grand, d'assez pompeux, à la taille de son héros mort, avaient causé tant de retards et d'entraves qu'en mai 1880, deux années pleines après la catastrophe et l'entreprise des travaux, le monument n'était pas encore fini. C'est beaucoup, deux ans, pour une douleur démonstrative, toujours au paroxisme, prête à se donner en une fois. Sans doute le deuil subsistait, toujours austère d'apparence, l'hôtel muet et fermé comme un caveau ; mais au lieu de la statue vivante, en prières et en larmes, au fond de la crypte, il y avait maintenant une jeune et jolie femme, dont les cheveux repoussaient serrés et fins avec des révoltes de vie, des frisons, des ondulements.

De cette blonde chevelure revenue, le noir du veuvage s'éclaircissait comme égayé, ne semblait plus qu'un caprice d'élégance; et dans l'allure, la voix de la princesse, on sentait l'activité printanière, cet air soulagé, paisible, qu'on trouve chez les jeunes veuves à la seconde période de leur deuil. État charmant. La femme goûte pour la première fois la douceur de cet affranchissement, de cette libre possession d'elle-même qu'elle n'a pas connue, passée toute jeune de la famille au mari; elle est délivrée de la grossièreté du mâle et, surtout, de cette crainte de l'enfant, de cette terreur dans l'amour qui est la caractéristique de la jeune femme moderne. Et l'évolution toute naturelle de la douleur débordante à ce complet apaisement s'accentuait ici de l'appareil du veuvage inconsolable dont la princesse Colette continuait à s'entourer; non par hypocrisie, mais comment, sans faire sourire la valetaille, donner l'ordre d'enlever ce chapeau qui attendait dans l'antichambre, cette canne en évidence, ce couvert pour l'absent? comment dire : « Le prince ne dîne pas ce soir. » Seule, la correspondance mystique, « A Herbert, au ciel, » avait faibli, espacée de jour en jour, réduite à un journal sur un ton fort calme dont s'amusait, sans rien dire, l'intelligente amie de Colette.

C'est qu'elle avait son plan, Mme Astier, une idée germée dans sa solide petite tête, un mardi soir, aux Français, sur cette confidence à voix basse du prince d'Athis : « Ah ! ma pauvre Adélaïde, quel boulet !... que je m'ennuie !... » Tout de suite elle pensait à le marier avec la princesse, et ce fut un nouveau jeu, à l'envers du premier, non moins délicat et charmant. Il ne s'agissait plus de prêcher l'éternité des serments, de chercher dans Joubert ou autres honnêtes philosophes des pensées comme celle-ci, copiée par la princesse en tête de son livre de mariage : « On n'est épouse et veuve avec dignité qu'une fois... » ni de s'extasier sur les grâces viriles du jeune héros dont l'image en pied, en buste, de profil ou de trois quarts, sculpture, peinture, se dressait par tout l'hôtel.

Au contraire, une dépréciation graduée et

suvante : « Ne trouvez-vous pas, chère amie... ces portraits du prince lui font la mâchoire trop lourde... sans doute, je veux bien, il avait tout ceci un peu fort, un peu épais... » et, à tout petits coups empoisonnés, avec une douceur, une adresse infinies, se reprenant quand elle allait trop loin, guettant le sourire de Colette à une malice appuyée, elle arrivait à lui faire convenir que son Herbert avait toujours été pas mal reître, plus gentilhomme de nom que de façons, sans le grand air, par exemple, de ce prince d'Athis rencontré, l'autre dimanche, sur le perron de Saint-Philippe. « Si le cœur vous en dit, il est à marier, ma chère... » Ceci jeté comme en l'air, sur un ton de badinage ; puis repris, présenté plus clairement. Eh ! pourquoi pas ? toutes les convenances y seraient, grand nom, situation diplomatique considérable ; et pas de changement à la couronne ni au titre, ce qui avait bien son importance ménagère : « Enfin, ma chère, s'il faut vous l'apprendre, un homme qui a pour vous le plus vif sentiment... »

Ce mot de sentiment blessa d'abord la princesse comme un outrage, mais elle s'habitua à l'entendre. On rencontrait d'Athis à l'église, puis rue de Beaune, en grand mystère, et Colette convenait bientôt que lui seul aurait pu la faire renoncer au veuvage... Mais, quoi? son pauvre Rosen l'avait aimée si dévotement, si uniquement !

« Oh! uniquement !... » faisait Mme Astier dans un petit sourire renseigné que suivaient des allusions, des demi-mots, et, comme toujours, l'empoisonnement de la femme par la femme. « Mais, chère amie, il n'y a pas d'amour unique, de mari fidèle... les honnêtes, les élevés s'arrangent pour ne pas attrister, humilier leur femme, troubler le ménage...

— Alors vous croyez qu'Herbert?...

— Mon Dieu! comme les autres. »

La princesse se révoltait, boudait, fondait en ces larmes faciles, sans douleur, d'où la femme sort apaisée et rafraîchie comme une pelouse après l'ondée. Tout de même, elle ne cédait pas, au grand dépit de Mme Astier bien loin de soupçonner la cause réelle de cette résistance.

Le vrai, c'est qu'à force d'examiner ensemble ce projet de mausolée, frôlant leurs mains et leurs cheveux sur les plans, les esquisses de caveaux et de statues funèbres, Paul et Colette s'étaient pris l'un pour l'autre d'une sympathie de camarades, peu à peu devenue plus tendre, jusqu'au jour où Paul Astier surprit dans un regard posé sur lui le trouble d'un caprice, presque un aveu. Cette possibilité, ce rêve, ce prodige lui apparut de Colette de Rosen l'épousant, lui apportant ses vingt ou trente millions. Oh! plus tard, après un stage de patience, un siège en règle de la place. Avant tout, se méfier de m'man, très subtile, très forte, mais péchant par abus de zèle, surtout lorsqu'il s'agissait de son Paul. Elle brûlerait toutes les chances à vouloir hâter la réussite. Il se cachait donc de Mᵐᵉ Astier, sans se douter qu'elle allait à contre-mine dans le même chemin que lui, agissait tout seul, très lentement, charmant la princesse par sa jeunesse élégante, sa gaîté, son esprit blagueur dont il avait soin de rentrer les griffes, sachant que la femme, comme le peuple, comme l'enfant et tous les êtres de naïveté et de spontanéité, déteste l'ironie qui la déconcerte et qu'elle sent l'antagoniste des enthousiasmes, des rêveries de l'amour.

Ce matin de printemps, le jeune Astier arrivait avec plus d'assurance encore que d'habitude. C'était la première fois qu'il déjeunait à l'hôtel de Rosen, sous prétexte d'une visite à faire ensemble au Père-Lachaise pour voir les travaux sur place. On avait choisi le mercredi, jour de Mme Astier, par une complicité muette afin de ne pas l'emmener en tiers ; aussi, malgré sa réserve, le prudent jeune homme, en franchissant le perron, jeta négligemment sur la vaste cour, les communs somptueux, un regard circulaire, enveloppant comme une prise de possession. Il se refroidit en traversant l'antichambre, où suisse et valets de pied en grandissime deuil mat somnolaient sur les banquettes et semblaient en veillée funèbre autour du chapeau du mort, un superbe chapeau gris annonçant la belle saison et l'entêtement de la princesse à la perpétuité du souvenir. Paul s'en trouva vexé comme de la rencontre d'un rival : il ne se rendait pas compte de la difficulté pour Colette captive d'elle-même, d'échapper à son immense deuil. Et, furieux, il se demandait : « Est-ce qu'elle va me faire déjeuner avec lui?... » quand le valet qui lui prenait sa canne et son chapeau des mains l'avertit que madame la princesse attendait monsieur dans le petit salon. Tout de suite introduit sous la rotonde vitrée, verdie de plantes rares, il se rassura par la vue de deux couverts dressés sur une toute petite table, dont Mme de Rosen surveillait elle-même l'installation.

« Une fantaisie, en voyant ce beau soleil... Nous serons comme à la campagne... »

Elle avait ruminé cela toute la nuit, de ne pas manger avec ce beau garçon devant le couvert de l'autre; et ne sachant comment s'y prendre pour les gens, elle avait imaginé de céder la place, de commander tout à coup, en caprice : « Dans la serre. »

En somme, le déjeuner d'affaires s'annonçait

bien ; le Romanée blanc au frais dans la vasque du petit rocher, parmi des fougères et des capillaires, du soleil sur les cristaux, sur la laque verte des feuilles découpées, et les deux jeunes gens en face l'un de l'autre, leurs genoux se touchant presque, lui très calme, ses yeux clairs brûlants et froids, elle toute rose et blonde, ses cheveux repoussés en fin plumage ondé, marquant la forme de sa petite tête sans le moindre artifice de coiffure féminine. Et tandis qu'ils parlaient de choses indifférentes, mentant à leur vraie pensée, Paul Astier triomphait de voir là-bas, dans la salle à manger déserte, s'ouvrant au va-et-vient silencieux du service, le couvert du mort, réduit pour la première fois à l'ennui de la solitude.

III

Mademoiselle Germaine de Freydet

Clos-Jallanges

Par Mousseaux

(Loir-et-Cher)

Voici très exactement, ma chère sœur, l'emploi de mon temps à Paris. Je compte écrire cela chaque soir et t'envoyer le paquet deux fois par semaine, tout le temps de mon séjour.

Donc, arrivé ce matin, lundi. Descendu,

comme toujours, dans mon calme petit hôtel de la rue Servandoni, où je n'entends du grand Paris que les cloches de Saint-Sulpice et le bruit continuel d'une forge voisine, ce fer frappé en mesure que j'aime comme un rappel du village. Tout de suite couru chez l'éditeur :
« Quand paraissons-nous ?

— Votre livre ? mais il a paru il y a huit jours. »

Paru et même disparu dans les profondeurs de cette terrible usine Manivet, toujours fumante, haletante, en mal d'un bouquin nouveau. Lundi, justement, c'était le lançage d'un grand roman de Herscher : *La Faunesse*, tiré à je ne sais combien de cinquante mille exemplaires, en piles, en ballots, dans toute la hauteur de la librairie ; et tu te figures la tête distraite des commis, l'air égaré, tombé de la lune, de l'excellent Manivet quand j'ai parlé de mon pauvre volume de vers et de mes chances au prix Boisseau. J'ai demandé quelques exemplaires destinés aux membres de la commission, et me suis sauvé à travers des rues, de vraies rues de *Faunesse* montant jusqu'au plafond. En voiture, regardé, feuilleté le volume, qui m'a plu avec la gravité de son titre : *Dieu dans la Nature*; un peu minces, peut-être, à la réflexion, les lettres du titre, pas assez noires, ne tirant pas l'œil, mais, bah ! ton joli nom de Germaine, en dédicace, nous portera bonheur. Laissé deux exemplaires rue de Beaune, chez les Astier, qui n'ont plus, comme tu sais, leur appartement des Affaires étrangères; Mme Astier a cependant gardé son jour. A mercredi donc pour savoir ce que le maître pense de mon œuvre ; et je file à l'Institut, où j'arrive encore en pleine usine à vapeur.

Vraiment, l'activité de ce Paris est prodigieuse, surtout pour ceux qui, comme nous, vivent toute l'année au calme et au large des champs. Trouvé Picheral, — tu sais, le monsieur si poli du secrétariat, qui t'avait si bien placée, il y a trois ans, à la séance de mon prix, — Picheral et ses commis, dans un brouhaha de noms, d'adresses, jetés d'un bureau à l'autre parmi l'étalage des cartes bleues, jaunes, vertes, de tribunes, pourtour, hémicycle, entrée A, entrée B, tout le lancement des invitations à la grande séance annuelle qu'honorera cette fois une Altesse en tournée, le grand-duc Léopold. « Désolé, monsieur le vicomte... Picheral m'appelle toujours ainsi, tradition de Chateaubriand sans doute... mais il faut attendre... — Faites, faites, M. Picheral. »

Très amusant, le bonhomme, et très courtois; il me fait penser à Bonicar, à nos leçons de maintien dans la galerie couverte, chez grand'mère de Jallanges, — et irritable, comme notre ancien maître à danser, quand on le contrecarre. J'aurais voulu que tu l'entendes parler au comte de Brétigny, l'ancien ministre, un des grands seigneurs de l'Académie, venu là, pendant que j'attendais, pour une réclamation de jetons. Il faut te dire que le jeton de présence vaut six francs, l'ancien écu de six livres ; ils sont quarante académiciens, soit deux cent quarante francs par séance, à répartir entre les assistants, dont la part est plus forte, naturellement, quand ils sont moins nombreux.

La paye se fait tous les mois, en écus, dans des sacs de gros papier portant chacun, épinglé dessus, son bordereau comme une note de blanchisseuse. Brétigny n'avait pas son compte, il lui manquait deux jetons, et c'était tout ce qu'il y a de plus drôle, ce richissime richard, président de je ne sais combien de conseils d'administration, venant en équipage réclamer ses douze francs. Il n'en a eu que six, que Picheral, après un long débat, lui a jetés de haut comme à un commissionnaire et qu'a empochés l'immortel avec une joie infinie. C'est si bon, l'argent gagné à la sueur de son front ! Car il ne faut pas croire qu'on flâne à l'Académie ; ces legs, ces fondations dont le nombre augmente d'année en année, tant d'ouvrages à lire, de rapports à grossoyer, et le dictionnaire, et les discours !... « Posez votre livre, mais ne vous montrez pas, m'a dit Picheral, apprenant que je concourais... Cette besogne forcée qu'on leur apporte rend nos messieurs féroces aux postulants. »

Je me rappelle en effet l'accueil de Ripault-

Babin et de Laniboire à mon dernier prix. Toutefois, quand c'est une jolie femme, les choses se passent autrement. Laniboire devient grivois ; Ripault-Babin, toujours bouillant quoique octogénaire, offre à la candidate un peu de pâte de guimauve et chevrote : « Portez-la d'abord à vos lèvres... Je la finirai. » J'ai cueilli le propos au secrétariat même, où les immortels sont traités avec une aimable désinvolture. « Le prix Boisseau ? Attendez donc... vous avez deux ducs, trois Petdeloup, deux cabotins. » C'est ainsi que, dans l'intimité des bureaux, se subdivise l'Académie française. Les ducs, ce sont tous les gens de noblesse et l'épiscopat ; les Petdeloup comprennent les professeurs et savants divers ; par cabotins, on entend les avocats, hommes de théâtre, journalistes, romanciers.

Ayant donc les adresses de mes Petdeloup, ducs et cabotins, j'ai dédicacé un de mes exemplaires à l'aimable Picheral, un autre, pour la forme, au pauvre M. Loisillon, le secrétaire perpétuel, qu'on dit à toute extrémité, et je me suis empressé de distribuer le reste à tous les bouts de Paris. Il faisait un temps superbe, le bois de Boulogne que j'ai traversé en revenant de chez Ripault-Babin — portez-le d'abord à vos lèvres — embaumait l'aubépine et la violette, je me croyais chez nous, à ces premiers jours de printemps hâtif où l'air est si frais et le soleil si chaud, et l'envie me venait de tout négliger pour rentrer à Jallanges, près de toi. Dîné au boulevard, tout seul, mélancoliquement ; fini ma soirée aux Français, où l'on jouait *Le Dernier Frontin* de Desminières. Un de mes juges pour le prix Boisseau, ce Desminières ; aussi ne dirai-je qu'à toi combien ces vers m'ont ennuyé. La chaleur, le gaz, j'avais le sang à la tête. Tous ces comédiens jouaient comme pour le grand roi ; et pendant qu'ils dévidaient les alexandrins pareils aux bandelettes d'une momie qu'on démaillote, l'odeur des épines de Jallanges me poursuivait encore, et je me récitais les jolis vers de Du Bellay, presque un *pays* :

Plus que le marbre dur me plaît l'ardoise fine,
Plus mon Loire Gaulois que le Tibre latin,
Plus mon petit Liré que le mont Palatin
Et plus que l'air marin la douceur angevine.

Mardi. Courses dans Paris tout le matin, stations devant les libraires, cherchant mon livre aux vitrines. *La Faunesse...La Faunesse...* On ne voyait que ça partout, bandé de l'annonce « vient de paraître, » puis, de loin en loin, un pauvre *Dieu dans la Nature*, piteux, enfoui. Quand on ne me regardait pas, je le mettais sur la pile, bien en vue, mais personne ne s'arrêtait. Si, boulevard des Italiens, un nègre, très bien, l'air intelligent... Il a feuilleté mon bouquin cinq minutes, puis est parti sans l'acheter. J'avais envie de le lui offrir.

A déjeuner, dans un coin de taverne anglaise, lu les journaux. Pas un mot sur moi, pas même une petite annonce. Ce Manivet est si négligent! a-t-il seulement fait les envois, comme il me le jure? Et puis il en paraît tant, de livres. Paris en est submergé. C'est triste tout de même, ces vers qui vous brûlaient les doigts quand on les écrivait dans la joie, dans la fièvre, qui vous semblaient beaux, à remplir, illuminer le monde, les voilà qui circulent, plus ignorés que lorsqu'ils vous bourdonnaient obscurément dans le cerveau ; un peu l'histoire de ces toilettes de bal, revêtues dans l'enthousiasme de la famille, qu'on se figure devoir tout éclipser, tout écraser, et qui, sous le lustre, se perdent dans la quantité. Ah ! ce Herscher est bien heureux. On le lit, lui ; on le comprend. J'ai rencontré des femmes ayant au bras, dans leur mantelet, ce volume jaune tout frais paru... Misère de nous ! on a beau se mettre en dehors et au-dessus de la foule, c'est pour elle qu'on écrit. Séparé de tous, dans son île, ayant perdu jusqu'à l'espoir d'une voile à la chute de l'horizon, Robinson, même grand génie poétique, eût-il jamais fait des vers ? Longuement réflexionné là-dessus en battant les Champs-Élysées, perdu comme mon livre dans ce grand flot indifférent.

Je revenais dîner à mon hôtel, pas mal

assombri, comme tu penses, quand sur le quai d'Orsay, devant la ruine envahie de verdure de la Cour des Comptes, je me heurte à un grand diable encombrant et distrait : « Freydet ! — Védrine ! » Tu n'as pas oublié mon ami le sculpteur Védrine qui, du temps qu'il travaillait à Mousseaux, était venu passer une après-midi à Clos-Jallanges avec sa jeune et charmante femme. Il n'a pas changé, seulement un peu blanc vers les tempes ; il tenait par la main ce bel enfant aux yeux de fièvre que tu admirais, s'en allait le front haut, de lents gestes descriptifs, l'air planant et superbe d'une promenade élyséenne que suivait à distance Mme Védrine poussant la petite voiture où riait une fillette, née depuis leur voyage en Touraine.

« Ça lui en fait trois, moi compris, » m'a dit Védrine montrant sa femme ; et c'est bien vrai que dans le regard dont elle couve son mari, il y a la maternité paisible et tendre d'une madone flamande en extase devant son fils et son Dieu. Causé longtemps debout contre le parapet du quai ; cela me faisait du bien d'être avec ces braves gens. En voilà un, Védrine, qui se moque du succès, et du public, et des prix d'Académie. Apparenté comme il est, cousin des Loisillon, du baron Huchenard, il n'aurait qu'à vouloir, à teinter d'un peu d'eau son vin trop raide ; il obtiendrait des commandes, le prix biennal, serait de l'Institut demain. Mais rien ne le tente, pas même la gloire. « La gloire, me disait-il, j'en ai goûté deux ou trois fois, je sais ce que c'est... tiens, il t'arrive en fumant de prendre ton cigare à rebours, eh bien ! c'est ça la gloire. Un bon cigare dans la bouche par le côté du feu et de la cendre...

— Mais enfin, Védrine, si tu ne travailles ni pour la gloire ni pour l'argent...

— Oh ! ça...

— Oui, je sais ton beau mépris... Alors, pourquoi te donner tant de mal ?

— Pour moi, pour ma joie personnelle, le besoin de créer, de m'exprimer. »

Évidemment, celui-là, dans l'île déserte, eût continué son labeur. C'est le véritable artiste, inquiet, curieux d'une forme nouvelle, et, dans ses intervalles de travail, cherchant avec d'autres matières, d'autres éléments, à contenter son goût d'inédit. Il a fait de la poterie, des émaux, ces belles mosaïques de la salle des gardes que l'on admire à Mousseaux. Puis, la chose achevée, la difficulté vaincue, il passe à une autre ; son rêve, en ce moment, c'est d'essayer de la peinture, et, sitôt son paladin terminé, une grande figure de bronze pour le tombeau de Rosen, il compte, comme il dit, « se mettre à l'huile ! » Et sa femme approuve toujours, chevauche avec lui toutes ses chimères ; la vraie femme d'artiste, silencieuse, admirante, écartant du grand enfant ce qui blesserait son rêve, heurterait son pied dans sa marche d'astrologue. Une femme, ma chère Germaine, à faire désirer le mariage. Oui, j'en connaîtrais une pareille, je l'amènerais à Clos-Jallanges et je suis sûr que tu l'aimerais ; mais ne t'effraie pas, les Mme Védrine sont rares, et nous continuerons à vivre tous deux, comme maintenant, jusqu'à la fin.

On s'est quitté en prenant rendez-vous pour jeudi prochain, non pas chez eux à Neuilly, mais à l'atelier du quai d'Orsay où ils passent la journée tous ensemble. Cet atelier, paraît-il, est la chose la plus extraordinaire du monde : un coin de l'ancienne Cour des Comptes où le sculpteur a obtenu de travailler dans la verdure sauvage et les pierres croulantes. En m'en allant, je me retournais pour les voir marcher le long du quai, le père, la mère, les petits, tous serrés dans cette lumière paisible du couchant qui les dorait comme un tableau de Sainte-Famille. Ébauché quelques vers là-dessus, le soir, à l'hôtel ; mais les voisins me gênent, je n'ose pas donner de la voix. Il me faut mon grand cabinet de Jallanges, mes trois croisées sur le fleuve et les pentes de vignes.

Et enfin nous voilà à mercredi, le grand jour, les grandes nouvelles, que je veux te donner par le détail. J'attendais, je te l'avoue, ma visite aux Astier avec un battement de cœur qui s'accentuait, aujourd'hui, en montant ce vieil escalier majestueux et humide de la rue de Beaune. Qu'allait-on me dire de mon livre? Mon maître Astier aurait-il eu seulement le temps de l'ouvrir? C'était si grave, le jugement de cet excellent homme qui a gardé pour moi son prestige de professeur en chaire, et devant qui je me sentirai toujours écolier. Sa décision impartiale et sûre serait certainement celle de l'Académie pour le prix Boisseau. Aussi, quelle angoisse impatiente, tandis que j'attendais dans le grand cabinet de travail que le maître abandonne à sa femme pour sa réception de chaque semaine.

Ah! ce n'est plus ici l'appartement du ministère. La table de l'historien est poussée dans une encoignure, masquée d'un grand paravent en étoffe ancienne qui dissimule en même temps une partie de la bibliothèque. En face, dans le panneau d'honneur, le portrait de Mme Astier, encore jeune, ressemblant à son fils d'une façon extraordinaire, aussi au vieux Réhu que j'ai, depuis tantôt, l'honneur de connaître. Ce portrait est d'une distinction un peu triste, froide et cirée comme cette grande pièce sans tapis, drapée de rideaux sombres sur une cour plus sombre encore. Mais Mme Astier vient d'apparaître et son aimable accueil transforme tout, autour de moi. Qu'y a-t-il dans l'air de Paris pour garder la grâce d'un visage de femme au delà du temps, comme sous le verre d'un pastel? Je l'ai trouvée rajeunie de trois ans, cette blonde fine, aux yeux aigus. Elle m'a d'abord parlé de toi, de ta chère santé, s'intéressant à notre ménage fraternel; puis, vivement : « Et votre livre?... parlons de votre livre!... Quelle merveille! Je vous ai lu toute la nuit... » Et mille louanges délicates, deux ou trois vers cités juste, avec l'assurance que mon maître Astier était ravi; il l'avait chargée de me le dire, dans le cas où il ne pourrait quitter ses archives.

Rouge d'habitude, je devais être ponceau, comme à la fin d'un dîner de chasse; mais ma joie est vite tombée, aux confidences que la pauvre femme était entraînée à me faire sur la détresse de leur situation. Des pertes d'argent, leur disgrâce, le maître travaillant nuit et jour à ses livres historiques d'une fabrication si lente, si coûteuse, et que le public n'achète pas. Puis l'aïeul, le vieux Réhu qu'il faut aider, car il n'a guère que ses jetons, et à son âge, quatre-vingt-dix-huit ans, que de précautions, de gâteries! Sans doute, Paul est un bon fils, travailleur, en passe d'arriver; seulement ces entrées de carrière sont terribles. Aussi M⁰ᵉ Astier lui cache-t-elle leur misère, comme à son mari, pauvre cher grand homme dont j'entendais le pas lourd, paisible, au-dessus de ma tête, pendant que sa femme me demandait, avec un tremblement de lèvres, des mots qu'elle cherchait, qu'elle s'arrachait, si je ne pourrais pas... Ah! divine, divine créature, j'aurais voulu baiser les dentelles de sa robe... Et tu comprends maintenant, sœur chérie, la dépêche que tu as reçue tantôt, et pour qui les dix mille francs que je te demande par le retour du courrier. Je pense que tu as envoyé tout de suite chez Gobineau. Si je ne l'ai pas averti directement, c'est que nous « faisons de moitié » en tout, toi et moi, et que nos élans de générosité, de pitié, doivent être en commun comme le reste... Mais, mon amie, est-ce effrayant, ces façades parisiennes, brillantes, glorieuses, et qui cachent de telles douleurs !

Cinq minutes après ces navrants aveux, le monde arrivé, les salons pleins, M⁰ᵉ Astier parlait et répondait avec une parfaite aisance d'esprit, la mine et la voix heureuses, à me donner la chair de poule. Vu, là, M⁰ᵉ Loisillon, la femme du secrétaire perpétuel, qui ferait bien mieux de garder son malade que de fatiguer la société des charmes de son délicieux appartement, le plus confortable de l'Institut, trois pièces de plus que du temps de Villemain. Si elle ne l'a pas répété dix fois, d'une voix rogue de commissaire-priseur, et devant une amie logée à l'étroit, dans l'emplacement d'une ancienne table d'hôte !

Avec M⁰ᵉ Ancelin, un nom que citent souvent les feuilles mondaines, rien de pareil à craindre. Cette bonne grosse dame toute ronde, la figure rouge et poupine, qui flûte ses mots ou plutôt ceux qu'elle recueille et colporte, est bien la plus aimable personne. Encore une qui a passé la nuit à me lire. Après cela, c'est peut-être une formule. Elle m'a ouvert tout grand son salon, un des trois où fréquente et s'agite l'Académie. Picheral dirait que Mᵐᵉ Ancelin, affolée de théâtre, reçoit plus volontiers les cabotins, Mᵐᵉ Astier les Petdeloup, et que la duchesse Padovani accapare les ducs, la gentry de l'Institut. Mais en somme, ces trois rendez-vous de gloire et d'intrigue ouvrent les uns sur les autres, car j'ai vu défiler, mercredi, rue de Beaune, un assortiment varié d'immortels de toutes catégories : Danjou, l'auteur dramatique, Rousse, Boissier, Dumas, de Brétigny, le baron Huchenard des Inscriptions et Belles Lettres, le prince d'Athis des Sciences morales et politiques. Il y a encore un quatrième salon en formation, celui de Mᵐᵉ Eviza, une juive aux joues pleines, aux longs yeux étroits, et qui flirte avec tout l'Institut, dont elle porte les couleurs, des broderies vertes sur sa veste printanière et son petit chapeau aux ailes de caducée. Oh! mais un flirt jusqu'à l'inconvenance... Je l'entendais dire à Danjou, qu'elle invitait :

« Chez Mme Ancelin c'est : ici l'on dîne. Chez moi : ici l'on aime.

— Il me faut les deux... logé et nourri, » répondait froidement Danjou, que je crois un parfait cynique, sous son masque dur, immobile, sa toison noire et drue de pâtre du Latium. Belle diseuse, Mme Eviza, d'une érudition imperturbable, citant au vieux baron Huchenard des phrases entières de ses *Habitants des Cavernes* discutant le poète Shelley avec un tout jeunet critique de revue, correctement et sagement grave, le col haut sous son menton pointu.

Dans ma jeunesse, on débutait par des vers. pour aller n'importe où, à la prose, aux affaires, au barreau. Maintenant, c'est par la critique et, généralement, par une étude sur Shelley. Mme Astier m'a présenté à ce petit monsieur dont les décisions comptent dans le monde littéraire, mais ma moustache et mon hâle de soldat laboureur lui ont probablement déplu, nous n'avons échangé que peu de mots tandis que j'observais la comédie des candidats, femmes ou parentes de candidats, venant se montrer, tâter l'eau, car Ripault-Babin est bien vieux et Loisillon ne peut durer : deux fauteuils en perspective autour desquels s'échangent des regards furieux, des paroles empoisonnées.

Tu sais, Dalzon, ton romancier, il était là ; bonne, franche et spirituelle figure, bien celle de son talent. Mais tu aurais souffert de le voir humble et frétillant, devant une non-valeur comme Brétigny qui n'a jamais rien fait, qui tient à l'Académie la place réservée de l'homme du monde, celle du « pauvre » en province, aux tablées du jour des Rois ; et non seulement auprès de Brétigny, mais de chaque académicien qui entrait, attentif aux anecdotes du vieux Réhu, riant aux moindres malices de Danjou, du rire lâche, écolier, que Védrine appelait à Louis-le-Grand le « rire au professeur. » Tout cela pour monter, des douze voix qu'il eut l'an dernier, à la majorité nécessaire.

Le vieux Jean Réhu est apparu un moment chez sa petite-fille, prodigieusement vert et droit, sanglé dans sa longue redingote, avec une toute petite figure ratatinée, comme tombée dans le feu, et de la barbe courte et cotonneuse, une mousse sur de la vieille pierre. Des yeux vifs, une mémoire admirable ; mais il est sourd, ce qui l'attriste, le condamne à des monologues d'intéressants et personnels souvenirs. Il nous racontait aujourd'hui l'intérieur de l'impératrice Joséphine à la Malmaison, sa payse, comme il l'appelle, créoles tous deux, de la Martinique. Il nous la montrait dans ses mousselines et ses châles, sentant le musc à renverser, entourée de fleurs des colonies que, même en temps de guerre, les flottes ennemies laissaient galamment passer. Il nous parlait aussi de l'atelier David pendant le Consulat, il nous faisait le peintre, sa joue gonflée, sa bouche de travers, pleine de bouillie, tutoyant, rudoyant ses élèves. Et toujours, à la fin de chaque récit, l'Ancêtre témoin de tant de choses a un hochement de tête, regarde au loin, et de sa voix forte dit : « J'ai vu ça, moi... » mettant en quelque sorte une signature d'authenticité au bas du tableau.

Je dois dire qu'à part Dalzon qui buvait hypocritement ses paroles, j'étais seul dans le salon à m'intéresser aux récits de ce patriarche, plus curieux pour moi que les historiettes d'un certain Lavaux, journaliste, bibliothécaire, je ne sais trop, en tout cas terriblement bavard et renseigné. Dès qu'il est arrivé : « Ah! voilà Lavaux... Lavaux... » et tout de suite un cercle autour de lui, on rit, on s'ébat; le plus sourcilleux des immortels se délecte aux anecdotes de ce gros homme, sorte de chanoine papelard et rasé, la face rubiconde, les yeux en bille, entremêlant ses potins et ses discours de : « Je disais à de Broglie... Dumas me racontait, l'autre soir... Je tiens ceci de la duchesse... » s'appuyant des plus grands noms, des illustrations de tout genre, choyé de toutes ces dames qu'il met au courant des intrigues académiques, diplomatiques, littéraires et mondaines, intime de Danjou qui le tutoie, familier du prince d'Athis avec qui il est entré, traitant Dalzon de haut en bas, aussi le jeune critique de Shelley, enfin doué d'une autorité, d'une puissance que je ne puis m'expliquer.

Dans le fatras d'anecdotes qu'il tirait de ses inépuisables bajoues, pour la plupart des charades à mon ingénuité provinciale, une seulement m'a frappé : l'aventure d'un jeune garde-noble, le comte Adriani, qui, traversant Paris avec son oblégat pour porter à je ne sais qui la barrette et la calotte cardinalices, aurait oublié ces deux insignes chez une belle de nuit rencontrée dans la gare même au saut du vagon. et dont le pauvre garçon, éperdu dans Paris, ne savait ni le nom, ni l'adresse. Le voilà obligé d'écrire à la cour de Rome pour remplacer les deux coiffures sacerdotales dont la demoiselle doit être bien embarrassée. Le piquant, c'est que ce petit comte Adriani est le propre neveu du nonce, et qu'à la dernière soirée de la duchesse — on dit, ici, la duchesse tout court comme à Mousseaux — il racontait son histoire en toute innocence et dans un délicieux jargon que Lavaux imite à ravir : « Dans la gare, Monsignor il mé dit : Pepino, porte le berretto... Z'avais déza le zuccheto... avec le berretto ça m'en faisait deux... » Et les roulements d'yeux du jeune et ardent papalin en arrêt devant la drôlesse : « Cristo ! qu'elle est bella... »

Au milieu des rires, des petits cris : « Charmant... Ah ! ce Lavaux... ce Lavaux... » je demande à Mme Ancelin assise près de moi : « Qu'est-ce donc que ce M. Lavaux ? Qu'est-ce qu'il fait ? » La bonne dame a paru stupéfaite : « Lavaux ?... Connaissez pas ?... Mais c'est le zèbre de la duchesse... » Elle est partie là-dessus, courant après Danjou, et me voilà bien informé. Ce monde parisien est extraordinaire, son dictionnaire se renouvelle à chaque saison. Zèbre, un zèbre ! Qu'est-ce que cela peut vouloir dire ? Mais je m'aperçois que ma visite se prolonge hors de toute convenance et que mon maître Astier ne descend pas. Il faut partir. Je me glisse entre les fauteuils pour aller saluer la maîtresse de maison ; au passage, aperçu Mlle Moser qui pleure dans le gilet blanc de Brétigny. Depuis dix ans qu'il a posé sa candidature, le pauvre Moser découragé n'ose plus lui-même, il envoie sa fille, personne déjà mûre, pas jolie, et qui se donne un mal d'Antigone, monte des étages, s'improvise commissionnaire et corvéable des académiciens et de leurs femmes, corrige les épreuves, soigne les rhumathismes des uns et des autres, use son triste célibat à cette poursuite du fauteuil où son père n'atteindra jamais ; en noir, modeste, mal coiffée, elle encombre la sortie, non loin de Dalzon qui, très agité, se débat entre deux académiciens à têtes de juges et proteste d'une voix étranglée :

« Pas vrai... une infamie !... Jamais écrit cela... »

Mystère !... Madame Astier, qui pourrait me renseigner, est elle-même en conférence très intime avec Lavaux et le prince d'Athis.

Tu as dû l'apercevoir en voiture avec la duchesse, roulant sur les routes de Mousseaux, ce d'Athis, Samy, comme on l'appelle, un long, mince, chauve, cassé en deux, la figure fripée, d'un blanc de cire, une barbe noire jusqu'au milieu de la poitrine, comme si tous les cheveux qui lui manquent étaient tombés dans cette barbe; un homme qui ne parle pas, et qui, lorsqu'il vous regarde, semble scandalisé que vous osiez respirer dans le même air que lui. Ministre plénipotentiaire, réservé, subtil, le genre britannique, — il est petit neveu de lord Palmerston, — on le cote très haut à l'Institut et au quai d'Orsay. C'est, paraît-il, le seul de nos chargés d'affaires que Bismarck n'ait jamais osé regarder en face. On le dit sur le point d'occuper une de nos grandes ambassades. Que deviendra la duchesse? Le suivre, quitter Paris? c'est bien grave pour cette mondaine. Et puis, à l'étranger, acceptera-t-on cette liaison équivoque et reconnue, consacrée ici comme un mariage, grâce à la tenue, aux ménagements gardés et au triste état du duc, hémiplégique, plus vieux de vingt ans que sa femme qui est aussi sa nièce?

Sans doute, le prince s'entretenait de ces choses graves avec Lavaux et Mme Astier, quand je me me suis approché d'eux. Nouveau venu dans n'importe quel monde, on s'aperçoit bientôt comme on en est peu, au courant de rien, des mots, des idées, un importun. Je m'en allais, quand la bonne Mme Astier me rappelle : « Montez donc le voir... il sera si heureux... » Et je monte vers mon vieux maître, par un étroit escalier intérieur. Du fond du corridor, j'entends sa forte voix : « C'est vous, Fage ?

— Non, mon bon maître.

— Tiens, Freydet ! Prenez garde, baissez la tête... »

Impossible, en effet, de se tenir debout dans cette soupente, et quelle différence avec les archives du ministère où je le vis la dernière fois, cette haute galerie tapissée de cartons.

« Un chenil, n'est-ce pas ? m'a dit l'excellent homme en souriant, mais si vous saviez quels trésors !... » Et son geste indiquait un grand classeur renfermant au moins dix mille pièces autographiques des plus rares, recueillies par lui en ces dernières années. « Il y en a, de l'histoire, là-dedans, répétait-il en se montant, agitant sa loupe à grimoire ; et de la neuve et de la solide, quoi qu'ils en aient ! »

Au fond, il me semblait assombri et nerveux. On a été si dur avec lui. Cette destitution brutale ; et puis, comme il continuait à publier des livres d'histoire très documentés, n'a-t-on pas dit qu'il avait décatalogué des pièces du fonds Bourbon. Et d'où est venue cette calomnie? de l'Institut même, de ce baron Huchenard qui se fait appeler le prince des autographiles français, et que la collection Astier désespère. De là une guerre hypocrite et sauvage, un lancinement de perfidies, d'attaques en dessous. « Jusqu'à mes Charles-Quint... mes Charles-Quint qu'on me conteste maintenant... Pourquoi, je vous demande ? Pour un lapsus, une vétille : Maître Rabelais au lieu de frère Rabelais... comme si la plume des Empereurs ne fourchait jamais... Mauvaise foi ! mauvaise foi ! » Et voyant que je m'indignais avec lui, mon bon maître me prit les mains : « Laissons ces vilenies... M™° Astier vous a dit, n'est ce pas, pour votre livre ? Il y en a encore un peu trop pour mon goût... mais, n'importe ! je suis content. » Ce dont il y a trop dans mes vers, c'est ce qu'il appelle la mauvaise herbe, imagination, fantaisie ; au lycée, déjà, il nous faisait la guerre là-dessus, arrachant, épluchant. Maintenant, écoute ceci, ma Germaine ; mot pour mot la fin de notre entretien.

Moi : « Pensez vous, mon maître, que j'aie quelque chance pour le prix Boisseau ? »

Le maître : « Après ce livre-là, mon cher enfant, ce n'est pas un prix, c'est un fauteuil qu'il vous faut. Loisillon en a dans l'aile, Ripault ne durera pas longtemps... Ne bougez pas, laissez moi faire... Pour moi, dès ce moment, votre candidature est posée... »

Qu'ai-je dit ou répondu ? Je n'en sais rien. Tel était mon trouble heureux qu'il me semble rêver encore. Moi, moi, de l'Académie française !... Oh ! soigne-toi, sœur chérie, guéris tes maudites jambes, que tu puisses venir à

Paris pour le grand jour, voir ton frère l'épée au côté, dans l'habit vert brodé de palmes, prendre place parmi tout ce que la France compte d'illustre. Tiens ! la tête me tourne, je t'embrasse vite et vais me coucher.

Ton frère bien aimant,

ABEL DE FREYDET.

Tu penses qu'au milieu de ces aventures, j'ai oublié les graines, paillassons, arbustes, toutes mes emplettes ; ce sera pour bientôt, je resterai ici quelque temps. Astier-Réhu m'a bien recommandé de ne rien dire, mais de fréquenter les milieux académiques. Me montrer, qu'on me voie, c'est plus important que tout.

IV

« Méfie-toi, mon Freydet... Je connais ce coup-là, c'est le coup du racolage... Au fond, ces gens se sentent finis, en train de moisir sous leur coupole... L'Académie est un goût qui se perd, une ambition passée de mode... Son succès n'est qu'une apparence... Aussi, depuis quelques années, l'illustre compagnie n'attend plus le client chez elle, descend sur le trottoir et fait la retape. Partout, dans le monde, les ateliers, les librairies, les couloirs de théâtre, tous les milieux de littérature ou d'art, vous trouvez l'académicien racoleur souriant aux jeunes talents qui bourgeonnent : « L'Académie a l'œil sur vous, jeune homme !... » Si le renom est déjà venu, si l'auteur en est à son troisième ou quatrième bouquin, comme toi, alors l'invite est plus directe : « Pensez à nous, mon cher, c'est le moment... » Ou brutalement, dans une bourrade affectueuse : « Ah ça ! décidément, vous ne voulez pas être des nôtres ?... » Le coup se fait aussi, mais plus insinuant, plus en douceur, avec l'homme du monde, traducteur de l'Arioste, fabricant de comédies de sociétés : « Hé ! hé !... dites donc... mais savez-vous que... ? » Et si le mondain se récrie sur son indignité, le peu de sa personne et de son bagage, le racoleur lui sort la phrase consacrée : « l'Académie est un salon... » Bon sang de Dieu ! ce qu'elle a servi, cette phrase-là : « l'Académie est un salon... elle ne reçoit pas l'œuvre seulement, mais l'homme... » En attendant, c'est le racoleur qui est reçu, choyé, de tous les dîners, de toutes les fêtes... Il devient le parasite adulé des espérances qu'il fait naître et qu'il a soin de cultiver... »

Ici, le bon Freydet s'indigna. Jamais son maître Astier ne se livrerait à des besognes aussi basses. Et Védrine haussant les épaules :

« Lui, mais c'est le pire de tous, le racoleur convaincu, désintéressé... Il croit à l'Académie ; toute sa vie est là, et quand il vous dit : « Si vous saviez que c'est bon ! » avec le clapement de langue qui savoure une pêche mûre, il parle comme il pense et son amorce est d'autant plus forte et dangereuse. Par exemple, une fois l'hameçon happé, bien ancré, l'Académie ne s'occupe plus de son patient, elle le laisse s'agiter, barboter... Voyons, toi, pêcheur, quand tu as pris une belle perche, un brochet de poids et que tu le files derrière ton bateau, comment appelles-tu ça ?

— Noyer le poisson ?...

— Tout juste ! Regarde Moser... A-t-il bien une tête de poisson noyé !... dix ans qu'on le charrie à la remorque. Et de Salèle, et Guérineau... combien d'autres qui ne se débattent même plus.

— Mais enfin, on y entre, à l'Académie, on y arrive...

— Jamais à la remorque... Et puis, quand on réussit, la belle affaire ! Qu'est-ce que ça rapporte ?... de l'argent ? pas tant que tes foins... La notoriété ? Oui, dans un coin d'église grand comme un fond de chapeau... Encore si ça donnait du talent, si ceux qui en ont ne le perdaient pas une fois là, glacés par l'air de la maison. L'Académie est un salon, tu comprends ; il y a un ton qu'il faut prendre, des choses qui ne se disent pas ou s'atténuent. Finies, les belles inventions ; finis, les coups d'audace à se casser les reins. Les plus grouillants ne bougent plus, de peur d'un accroc à l'habit vert ; c'est comme les petits qu'on endimanche : « Amusez-vous, mais ne vous salissez pas. » Ils s'amusent, je t'en réponds... Il leur reste, je sais bien, l'adulation des popotes académiques et des belles dames qui les tiennent. Mais c'est si ennuyeux ! J'en parle par expérience, m'y étant laissé quelquefois traîner. Oui, comme dit le vieux Réhu, j'ai vu ça, moi !... Des pécores prétentieuses m'ont débité des phrases de Revue mal digérées qui leur sortaient du bec en banderoles comme aux personnages de rébus. J'ai entendu Mme Ancelin, cette bonne grosse mère bête comme un accident, glousser d'admiration aux mots de Danjou, des mots de théâtre, fabriqués au couteau, aussi peu naturels que les frisons de sa perruque... »

Freydet n'en revenait pas : Danjou, le pâtre du Latium, une perruque !

« Oh ! seulement une demie ; un *breton*... J'ai subi chez Mme Astier des lectures ethnographiques à tuer un hippopotame, et à la table de la duchesse, pourtant hautaine et prude, j'ai vu ce vieux singe de Laniboire, occupant la place d'honneur, grimacer des polissonneries qui, à tout autre qu'un immortel, auraient valu la porte avec un de ces mots à la Padovani, je ne te dis que ça... Le comique, c'est que la duchesse qui l'a fait entrer à l'Académie, ce Laniboire, qui l'a vu humble et piteux à ses pieds, priant, geignant pour être élu... « Nommez-le, disait-elle à mon cousin Loisillon, nommez-le pour m'en débarrasser... » Maintenant elle l'honore comme un Dieu, l'a toujours près d'elle à sa table, remplaçant son mépris de jadis par la plus plate admiration ; ainsi le sauvage s'agenouille et tremble devant l'idole qu'il s'est taillée lui-même. Si je les connais, les salons académiques, niaiserie, cocasserie, vilaines petites intrigues !... Et tu irais te fourrer là-dedans ? Je me demande pourquoi. Tu as la vie la plus belle du monde. Moi qui ne tiens à rien, je t'ai presque envié quand je t'ai vu à Clos-Jallanges avec ta sœur : la maison idéale à mi-côte, de hauts plafonds, des cheminées à entrer dedans tout entier, des chênes, des blés, des vignes, la rivière, une existence de gentilhomme campagnard comme on en trouve dans les romans de Tolstoï, pêche et chasse, de bons livres, un voisinage pas trop bête, des closiers pas trop voleurs, et pour t'empêcher de t'épaissir en ce perpétuel bien-être, le sourire de ta malade, si affinée, si vivante dans son fauteuil de blessée, si heureuse lorsque au retour d'une course en plein air tu lui lis quelque beau sonnet, des vers de nature, bien jaillis, écrits au crayon sur le bord de ta selle, ou le ventre dans l'herbe, comme nous voilà, moins cet horrible fracas de camions et de trompettes... »

Védrine fut forcé de s'interrompre. De lourds fardiers, chargés de ferraille, ébranlant le sol et les maisons, une éclatante sonnerie dans la caserne de dragons voisine, le rauque beuglement d'une sirène de remorqueur, un orgue, les cloches de Sainte-Clotilde, se rencontrèrent dans un de ces confusionnants *tutti* que forment par poussées les bruits d'une grande ville ; et le contraste était saisissant de ce vacarme énorme et babylonien, que l'on sentait si proche, avec le champ sauvage d'avoines et de fougères, ombragé de hautes verdures, où les deux anciens Louis-le-Grand fumaient et causaient cœur à cœur.

C'était au coin du quai d'Orsay et de la rue de Bellechasse, sur cette terrasse ruinée de l'ancienne Cour des Comptes, envahie d'odorantes herbes folles, comme une carrière en plein bois quand vient le printemps. De grands massifs défleuris de lilas, des bosquets touffus de platanes et d'érables, poussés le long des balustres de pierre chargés de lierres et de clématites, faisaient un abri vert et serré où s'abattaient des pigeons, où tournaient des abeilles, où, sous un rayon de lumière blonde, apparaissait le calme et beau profil de Mᵐᵉ Védrine donnant le sein à sa toute petite, pendant que l'aîné chassait à coups de pierre des chats nombreux et panachés, gris, noirs, jaunes, qui sont comme les tigres de cette jungle en plein Paris.

« Et puisque nous parlons de tes vers... on se dit tout, n'est-ce pas, mon camarade?... ton livre, eh bien! ton livre, que je n'ai fait qu'entr'ouvrir, n'a pas la bonne odeur de muguet, de menthe sauvage que les autres m'apportaient. Il sent le laurier académique, ton *Dieu dans la Nature*, et je crains bien que, cette fois, ta jolie note à la Brizeux, toute ta grâce forestière, n'aient été sacrifiées, jetées en péage dans la gueule de Crocodilus. »

Ce surnom de Crocodilus que Védrine retrouvait au fond de sa mémoire écolière les amusa une minute. Ils voyaient Astier-Réhu dans sa chaire, le front fumant, la toque en arrière, une aune de ruban rouge sur le noir de sa toge, accompagnant de son geste solennel à grandes manches ses plaisanteries du répertoire : « Tirez, tirez, ils ont pissé partout !... » ou ses déclamations rondouillardes en style de Vicq d'Azir dont il devait plus tard occuper le fauteuil. Puis, comme Freydet, pris d'un remords de railler ainsi son vieux maître, vantait son œuvre historique, tant d'archives remuées, tirées pour la première fois de la poussière :

« Rien du tout, » fit Védrine d'un parfait dédain. Pour lui, les archives les plus curieuses aux mains d'un imbécile n'avaient pas plus de signification que le fameux document humain quand c'est un sot romancier qui l'utilise. La pièce d'or changée en feuille morte !... Et s'animant : « Voyons, est-ce que cela constitue un titre d'historien, ce délayage de pièces inédites en de lourds in-octavo que personne ne lit, qui figurent dans les bibliothèques au rayon des livres instructifs, des livres pour l'usage externe... agiter avant de s'en servir !... Il n'y a que la légèreté française pour prendre ces compilations au sérieux. Ce que les Allemands et les Anglais nous blaguent !... *Ineptissimus vir Astier-Réhu !...* dit Mommsen dans une de ses notes.

— C'est même toi, gros sans-cœur, qui la fis lire au pauvre homme, cette note, et en pleine classe.

— Ah ! J'en ai eu du babouin et du bélître, presque autant que le jour où, fatigué de l'entendre nous répéter que la volonté était un cric, qu'on parvenait à tout avec ce cric, je lui jetai de mon banc en faisant sa voix : Et les ailes, monsieur Astier, et les ailes ! »

Freydet se mit à rire, et, lâchant l'historien pour l'universitaire, il essayait de défendre Astier-Réhu comme professeur. Mais Védrine se montait encore :

« Oui, parlons-en, du professeur. un misérable dont l'existence s'est passée à détruire, à arracher dans des milliers d'intelligences la mauvaise herbe, c'est-à-dire l'original, le spontané, ces germes de vie qu'un maître doit, avant tout, entretenir et protéger... Ah ! le saligaud, nous a-t-il assez raclés, épluchés, sarclés... Il y en avait qui résistaient au fer et à la bêche, mais le vieux s'acharnait des outils et des ongles, arrivait à nous faire tous propres et plats comme un banc d'école. Aussi regarde-les, ceux qui ont passé dans ses mains, à part quelques révoltés comme Herscher qui, dans sa haine du convenu, tombe à l'excessif et à l'ignoble, comme moi qui dois à cette vieille bête mon goût du contourné, de l'exaspéré, ma sculpture en sacs de noix, comme ils disent... tous les autres, abrutis, rasés, vidés...

— Eh bien ! et moi ? dit Freydet dans un navrement comique.

— Oh ! toi, la nature t'a sauvé jusqu'à présent, mais, gare ! si tu retombes sous la coupe de Crocodilus. Et dire qu'il y a des écoles nationales pour nous fournir de ce genre de pédagogues, dire qu'il y a des appointements pour ça, des décorations pour ça, et même l'Institut pour ça !... »

Couché de son long dans l'herbe folle, la tête sur son coude, balançant une fougère dont il s'abritait du soleil, Védrine proférait doucement ces choses violentes sans qu'un muscle agitât sa large face de dieu indien, bouffie et blanche, où de tout petits yeux rieurs réveillaient l'indolence et la songerie du visage.

L'autre l'écoutait effaré dans ses habitudes de vénération : « Mais, enfin, comment t'arranges-tu pour être l'ami du fils avec cette haine pour le père?

— Pas plus de l'un que de l'autre... Il m'intéresse, ce Paul Astier, avec son aplomb de gandin roué et sa tête de jolie coquine... Je voudrais vivre assez vieux pour voir ce qu'il deviendra...

— Ah! monsieur de Freydet, dit alors Mme Védrine se mêlant de sa place à la conversation, si vous saviez comme il exploite mon mari... Mais toute la restauration de Mousseaux, la galerie neuve sur la rivière, le pavillon de musique, la chapelle, c'est Védrine qui a tout fait; et le tombeau de Rosen! On lui payera seulement la sculpture, quand l'idée, l'arrangement, il n'y a pas ça qui ne soit de lui.

— Laisse... laisse... » fit l'artiste sans s'émouvoir. Pardieu! Mousseaux, jamais ce gamin-là n'aurait été fichu d'en retrouver une corniche sous la couche de bêtise que les *architèques* y déposaient depuis trente ans, mais le pays délicieux, la duchesse aimable et pas gênante, l'ami Freydet qu'on avait découvert à Clos-Jallanges... « Et puis, voilà, j'ai trop d'idées; elles me gênent, me dévorent... C'est me rendre service de m'alléger de quelques-unes... Mon cerveau ressemble à l'une de ces gares de bifurcation où des locomotives chauffent sur tous les rails, dans toutes les directions... Il a compris ça, ce jeune homme, les inventions lui manquent, il me chipe les miennes, les met au point de la clientèle, certain que je ne réclamerai jamais... Quant à être sa dupe!... Je le devine si bien lorsqu'il va me happer quelque chose... un air blagueur, des yeux indifférents, puis tout à coup une petite grimace nerveuse du coin de la bouche. C'est fait... dans le sac!... A part lui, il se dit sûrement : « Mon Dieu, que ce Védrine est niais ! » Il ne se doute pas que je le guette, que je le savoure... Maintenant, fit le sculpteur en se levant, que je te montre mon paladin, puis nous visiterons la boîte... Elle est curieuse, tu verras. »

Quittant la terrasse pour entrer dans le palais, ils franchirent un perron circulaire de quelques marches, traversèrent une salle carrée, l'ancien secrétariat du Conseil d'État, sans parquets ni plafonds, tous les étages supérieurs effondrés, laissant voir le bleu du ciel entre les énormes traverses de fer, tordues par la flamme, qui divisaient les étages. Dans un coin, contre le mur où s'accrochaient de longs tuyaux de fonte envahis d'herbes grimpantes, une maquette en plâtre du tombeau de Rosen gisait en trois morceaux dans les orties et les gravats.

« Tu vois, dit Védrine, ou du moins non, tu ne peux pas voir... » et il lui décrivait le monument. Pas commode à contenter, cette petite princesse, en ses caprices tumulaires ; il avait fallu des essais divers, des conceptions de sépultures égyptiennes, assyriennes, ninivites, avant d'arriver au projet de Védrine qui ferait crier les architectes mais ne manquerait pas de grandeur. Un tombeau militaire, une tente ouverte aux toiles relevées, laissant voir à l'intérieur, devant un autel, le sarcophage large, bas, taillé en lit de camp, où reposait le bon chevalier, croisé, mort pour son roi et sa foi ; à côté de lui, l'épée brisée, et, à ses pieds, un grand lévrier étendu.

A cause de la difficulté du travail, de la dureté de ce granit dalmate auquel la princesse tenait expressément, Védrine avait dû prendre la masse et le ciseau, travailler sous la bâche au Père-Lachaise comme un manœuvre ; enfin, après beaucoup de temps et de peine, le morceau était debout : « Et cette jeune fripouille de Paul Astier en tirera beaucoup d'honneur... » ajouta le sculpteur en souriant sans la moindre amertume. Puis il souleva un vieux tapis fermant sur la muraille un trou qui avait été une porte, et fit passer Freydet dans l'énorme vestibulo au plafond de planches, garni de nattes, de tentures sur les ruines, qui lui servait d'atelier. L'aspect et le fouillis d'un hangar ou plutôt d'une cour qu'on aurait couverte, car un figuier superbe montait dans une encoignure ensoleillée, tordait ses branches aux feuilles décoratives, et tout près, la carcasse d'un calorifère éclaté simulait un vieux puits enguirlandé de lierre et de chèvrefeuille. C'est là qu'il travaillait depuis deux ans, été comme hiver, dans les brumes du fleuve tout proche, les bises glacées et meurtrières, « sans même éternuer une fois, » affirmait-il, paisible et robuste comme un de ces grands artistes de la Renaissance dont il montrait le masque large et l'imaginative fécondité. Maintenant, par exemple, il en avait de la sculpture et de l'architecture, comme s'il venait d'écrire une tragédie ! Sitôt sa figure livrée, payée, ce qu'il allait partir, remonter le Nil en dabbich avec sa smala, et peindre, peindre du matin au soir... Tout en parlant, il écartait un escabeau, une sellette, amenait son ami devant un énorme bloc ébauché : « Le voilà, mon paladin... dis franchement, comment le trouves-tu ? »

Freydet était un peu effaré et gêné par les dimensions colossales du guerrier couché, plus grand que nature pour le proportionner à la hauteur de la tente et exagérant dans ce fruste du plâtre la musculature violente qui donne aux œuvres de Védrine, en horreur du léché, l'aspect incomplet, limoneux, préhistorique d'une belle œuvre encore dans sa gangue ; pourtant, à mesure qu'il regardait et comprenait mieux, l'immense statue dégageait pour lui cette force irradiante et attractive qui est le beau dans l'art.

« Superbe ! » dit-il, l'accent convaincu. Et l'autre clignant ses yeux d'un bon rire :

« Pas à première vue, hein ? Il faut s'y faire, à ma sculpture, et j'ai bien peur que la princesse, quand elle va voir cet affreux bonhomme... »

Paul Astier devait la lui amener dans quelques jours, une fois tout raboté, poli, prêt à partir pour la fonte ; et cette visite l'inquiétait, car il connaissait le goût des femmes du monde, il entendait au salon, les jours à cent sous, ce jabotage en clichés qui court le long des salles et s'ébat à la sculpture. Ce qu'elles mentent, ce qu'elles se forcent ! il n'y a de sincère que leurs toilettes de printemps étrennées pour ce Salon qui leur donne l'occasion de les montrer.

« D'ailleurs, mon gros, continuait Védrine en entraînant son ami hors de l'atelier, de toutes les grimaces parisiennes, de tous les mensonges de société, il n'y en a pas de plus effronté, de plus comique que l'engouement pour les choses d'art. Une momerie à crever de rire, tous pratiquent et personne ne croit. C'est comme pour la musique... si tu les voyais, le dimanche... »

Ils enfilaient un long couloir en arcades, envahi lui aussi de cette végétation curieuse dont les germes apportés là des quatre coins du ciel, gonflaient, verdissaient le sol battu, jaillissaient d'entre les peintures des murailles crevées et noircies par la flamme ; puis ils se trouvèrent dans la cour d'honneur, autrefois sablée, formant aujourd'hui un champ mêlé d'avoine, de plantin, mélilo et séneçon aux mille hampes et thyrses minuscules, au milieu duquel des planches limitaient un potager fleuri de tournesols, où mûrissaient des fraises, des potirons, un jardinet de squatter à la lisière de quelque forêt vierge, et, pour compléter l'illusion, une petite construction en briques y attenait.

« Le jardin du relieur et sa boutique, » dit Védrine désignant au-dessus de la porte entr'ouverte cette enseigne en lettres d'un pied :

ALBIN FAGE

Reliure en tous genres.

Ce Fage, relieur de la Cour des Comptes et du Conseil d'État, ayant obtenu de garder son logement échappé à l'incendie, était, avec la concierge, le seul locataire du palais. « Entrons chez lui un moment, dit Védrine... tu vas voir un bon type... » En approchant de la maison, il appela : « Hé ! père Fage !... » Mais le modeste atelier de reliure était désert, l'établi devant la fenêtre, chargé de rognures, de grandes cisailles à carton, de registres verts cornés de cuivre sous une presse. La singularité de cet intérieur, c'est que le cousoir, la table en tréteaux, la chaise vide devant elle, les étagères sur lesquelles s'entassaient les livres et jusqu'au miroir à barbe pendu à l'espagnolette, tout était de petite dimension, à hauteur et à portée d'un enfant de douze ans ; on aurait cru l'habitation d'un nain, d'un relieur de Lilliput.

« C'est un bossu, chuchotait Védrine à Freydet, et un bossu à femmes, qui se parfume et se pommade... » Une horrible odeur de salon de coiffure, essences de roses et de Lubin, se mêlait au relent de colle-forte qui prenait à la gorge. Védrine appela encore une fois vers le fond où était la chambre ; puis ils sortirent, Freydet s'amusant de cette idée d'un bossu Lovelace : « Il est peut-être en bonne fortune...

— Tu ris... Eh bien ! mon cher, ce Losse se paye les plus jolies femmes de Paris, s'il faut en croire les murs de sa chambre tapissés de photographies signées, dédicacées : A mon Albin... à mon cher petit Fage... Et pas de souillons ; des filles de théâtre, la haute bicherie. Il n'en amène jamais ici ; mais de temps en temps, après une bordée de deux, trois jours, il vient, tout frétillant, me raconter à l'atelier, avec son hideux rictus, qu'il s'est offert un in-octavo superbe ou un joli petit in-douze, car c'est ainsi qu'il appelle ses conquêtes, selon le grand ou le moyen format.

— Et il est laid, tu dis?

— Un monstre.

— Sans fortune ?

— Pauvre petit relieur, cartonneur, qui vit de son travail, de ses légumes... avec ça, intelligent, d'une érudition, d'une mémoire... Nous allons, sans doute, le trouver rôdant à quelque coin du palais... C'est un grand rêvassier, ce père Fage, comme tous les hommes à passion... Suis-moi, mais regarde à tes pieds... le chemin n'est pas toujours commode. »

Ils montaient un vaste escalier dont les premières marches tenaient encore, ainsi que la rampe toute rouillée, éclatée et tordue par endroits ; puis brusquement l'on suivait un précaire pont de bois appuyé sur les traverses de l'escalier, entre de hautes murailles où se devinaient des restes de grandes fresques craquelées, mangées, couleur de suie, la croupe d'un cheval, un torse nu de femme, avec des titres à peine lisibles sur des cartouches dédorés : *la Méditation... le Silence... le Commerce rapproche les peuples.*

Au premier étage, un long corridor, à voûte cintrée comme aux arènes d'Arles ou de Nîmes, se perdait entre des murs noircis, lézardés, éclairé çà et là de larges crevasses, montrant des débris de plâtre, de fonte, d'inextricables broussailles. A l'entrée de ce couloir la muraille portait : *Corridor des huissiers.* Ils le retrouvèrent à peu près semblable à l'étage au-dessus, seulement, ici, la toiture ayant cédé, ce n'était plus qu'une longue terrasse de broussailles montant aux arcades restées debout et retombant en lianes échevelées et battantes jusqu'au niveau de la cour d'honneur. Et l'on apercevait de là-haut les toits des maisons voisines, les murs blancs de la caserne rue de Poitiers, les grands platanes de l'hôtel Padovani balançant à leur cime des nids de corneilles, abandonnés et vides jusqu'à l'hiver, puis, en bas, la cour déserte, pleine de soleil, le petit jardin du relieur et son étroite maisonnette.

« Dis donc, mon vieux, y en a-t-il ! y en a-t-il !... disait Védrine montrant à son camarade la flore sauvage, d'une exubérance, d'une variété si extraordinaires, dont le palais entier était envahi... si Crocodilus voyait ça, quelle colère ! » Tout à coup se reculant : « C'est trop fort, par exemple... »

En bas, vers la maison du relieur, venait d'apparaître Astier-Réhu reconnaissable à sa longue redingote vert serpent, à son hauteforme élargi et plat ; célèbre sur la rive gauche, ce chapeau jeté en arrière sur des boucles grises, auréolant l'archange du baccalauréat, Crocodilus en personne. Il s'entretenait assez vivement avec un tout petit homme, tête nue et luisant de cosmétique, sanglé dans un veston clair où saillait, comme une coquetterie, la difformité de son dos. On ne pouvait entendre leurs paroles, mais Astier semblait très animé, agitant sa canne, penchant sa taille vers la face du petit être très calme au contraire, l'air réfléchi, ses deux grandes mains en arrière croisées sous sa bosse.

« Il travaille donc pour l'Institut, cet avorton ? » demanda Freydet qui se rappelait maintenant ce nom de Fage prononcé par son maître. Védrine ne répondit pas, attentif à la mimique des deux hommes dont la discussion venait de s'interrompre brusquement, le Bossu rentrant chez lui avec un geste de dire : « Comme vous voudrez... » tandis qu'Astier-Réhu gagnait à grands pas furieux la sortie du palais vers la rue de Lille, puis, hésitant, revenait vers la boutique dont la porte se refermait sur lui.

« C'est drôle, murmurait le sculpteur... Pourquoi Fage ne m'a-t-il jamais dit ?... Quel abîme, ce petit homme !... Après tout, peut-être sont-ils leurs farces ensemble... la classe à l'in-12 et à l'in-8°.

— Oh! Védrine. »

Freydet, sa visite faite, remontait lentement le quai d'Orsay, songeant à son livre, à ses ambitions académiques, fortement secouées par les rudes vérités qu'il venait d'entendre. Comme on change peu, tout de même! Comme on est de bonne heure ce qu'on sera!... A vingt-cinq ans de distance, sous les rides, les poils gris, tous les postiches dont l'existence affuble les hommes, les deux copains de Louis-le-Grand se retrouvaient identiques à ce qu'ils étaient sur leur banc de classe : l'un violent, exalté, toujours en révolte; l'autre docile, hiérarchique, avec un fond d'indolence qui s'était développé au calme des champs. Après tout, Védrine avait peut-être raison : même avec l'assurance de réussir, cela valait-il de tant s'agiter? Surtout il s'effrayait pour sa sœur. La pauvre infirme, toute seule à Clos-Jallanges pendant qu'il ferait ses démarches et visites de candidat. Rien que pour quelques jours d'absence elle s'alarmait, s'attristait, lui avait écrit le matin une lettre navrante.

A ce moment, il passait devant la caserne des dragons et fut distrait par l'aspect des faméliques attendant, de l'autre côté de la chaussée, qu'on leur distribue des restes de soupe. Venus longtemps d'avance, de peur de perdre leur tour, assis sur les bancs ou debout alignés contre le parapet du quai, terreux, sordides, avec des cheveux, des barbes d'hommes-chiens, des loques de naufragés, ils restaient là sans bouger, sans se parler, en troupeau, guettant jusqu'au fond de la grande cour militaire l'arrivée des gamelles et le signe de l'adjudant qui leur en permettrait l'approche. Et c'était terrible, dans la splendeur du jour, cette rangée silencieuse d'yeux de fauves, de mufles affamés tendus avec la même expression animale vers ce portail large ouvert.

« Que faites-vous donc là, mon cher enfant? » Astier-Réhu, radieux, avait passé son bras sous celui de son élève. Il suivit le geste du poète lui montrant, sur le trottoir en face, ce navrant tableau parisien. « En effet..., en effet... » Mais ses gros yeux de pédagogue ne savaient rien voir que dans les livres, sans notion directe ni émue des choses de la vie. Même, à sa façon d'enlever Freydet, de lui dire en l'entraînant : « Accompagnez-moi donc jusqu'à l'Institut, » on sentait que le maître désapprouvait ces musarderies de la rue, voulait qu'on fût plus sérieux que cela. Et doucement appuyé au bras du disciple préféré, il lui contait sa joie, son ravissement, la miraculeuse trouvaille qu'il venait de faire : une lettre de la grande Catherine à Diderot sur l'Académie, et cela, juste à l'approche de son compliment au grand-duc. Il comptait la lire en séance, cette merveille des merveilles, peut-être même offrir à Son Altesse, au nom de la Compagnie, l'autographe de son aïeule. Le baron Huchenard en crèverait de male envie.

« A propos, vous savez, mes Charles-Quint?... Calomnie, pure calomnie... J'ai là de quoi le confondre, ce Zoïle ! » De sa grosse main courte, il frappait sur le maroquin d'une lourde serviette et, dans l'expansion de sa joie, voulant que Freydet fût heureux aussi, il le ramenait à leur conversation de la veille, à sa candidature au premier fauteuil vacant. Ce serait si charmant, le maître et l'élève, assis tous deux côte à côte sous la coupole! « Et vous verrez que c'est bon, comme on est bien... on ne peut se le figurer avant d'y être. » A l'entendre, il semblait qu'une fois là, ce fût fini des tristesses, des misères de la vie. Elles battaient le seuil sans entrer. On planait très haut, dans la paix, dans la lumière, au-dessus de l'envie, de la critique, consacrés. Tout! on avait tout, on ne désirait plus rien... Ah! l'Académie, l'Académie, ses détracteurs en parlaient sans la connaître, ou par rage jalouse de n'y pouvoir entrer, les babouins!...

Sa forte voix sonnait, faisait retourner le monde tout le long du quai. Quelques-uns le reconnaissaient, prononçaient le nom d'Astier-Réhu. Sur le pas de leurs boutiques, les libraires, les marchands de curiosités et d'estampes.

habitués à le voir passer à des heures régulières, saluaient d'un respectueux mouvement de retraite.

« Freydet, regardez ça!... » Le maître lui montrait le palais Mazarin devant lequel ils arrivaient... « Le voilà, mon Institut, le voilà comme il m'apparaissait dès mon plus jeune âge, en écusson sur la couverture des Didot. Dès lors, je m'étais dit : « J'y entrerai... » et j'y suis entré... A votre tour de vouloir, cher enfant... à bientôt... »

Il franchit d'un pas alerte le portail à gauche du corps principal, s'élança dans une suite de grandes cours pavées, majestueuses, pleines de silence, où son ombre s'allongeait.

Il avait disparu que Freydet regardait encore, repris, immobile, et sur sa bonne figure hâlée et pleine, dans ses yeux globuleux et doux, il y avait la même expression qu'aux mufles d'hommes-chiens, là-bas, devant la caserne, attendant la soupe. Désormais, en regardant l'Institut, sa figure prendrait toujours cette expression-là.

V

Ce soir, dîner de gala, puis réception intime à l'hôtel Padovani. Le grand-duc Léopold reçoit à la table de « sa parfaite amie, » comme il appelle la duchesse, quelques membres triés des différentes sections de l'Institut, et rend ainsi aux cinq Académies la politesse de leur accueil, les coups d'encensoir de leur directeur. Comme toujours, chez l'ancienne ambassadrice, le monde diplomatique est avantageusement représenté, mais l'Institut prime tout, et la place même des convives précise l'intention du dîner. Le grand-duc, assis en face de la maîtresse de maison, a Madame Astier à sa droite, à sa gauche la comtesse de Foder, femme du premier secrétaire de l'ambassade finlandaise, faisant fonctions d'ambassadeur. La droite de la duchesse est occupée par Léonard Astier, la gauche par Monseigneur Adriani, nonce du Pape; puis suivent et s'alternent le baron Huchenard pour les Inscriptions et Belles-Lettres, Mourad-Boy ambassadeur de Turquie, le chimiste Delpech de l'Académie des Sciences, le ministre de Belgique, le musicien Landry de l'Académie des beaux-arts, Danjou, l'auteur dramatique, un des cabotins de Picheral, enfin le prince d'Athis, qui, par son double titre de ministre plénipotentiaire et de membre de l'Académie des sciences morales et politiques, donne bien la note à deux teintes du salon. En bout de table, le général aide de camp de Son Altesse, le jeune garde-noble comte Adriani, neveu du Nonce, et Lavaux, l'indispensable, l'homme de toutes les fêtes.

Le féminin manque d'agrément. Rousse et

vive, toute menue, enfoncée de dentelles jusqu'au bout de son petit nez pointu, la comtesse de Foder a l'air d'un écureuil enrhumé. La baronne Huchenard, moustachue, sans âge, donne l'impression d'un vieux monsieur décolleté, très gras. Madame Astier, en robe de velours demi-ouverte, un cadeau de la duchesse, sacrifie à sa chère Antonia la joie qu'elle aurait à montrer ses bras, ses épaules, ce qui lui reste; et grâce à cette attention, la duchesse Padovani semble, à table, la seule femme. Grande, blanche, dans sa robe de chez Chose, une toute petite tête aux beaux yeux dorés, orgueilleux et mobiles, des yeux de bonté, de tendresse et de colère, sous de longs sourcils noirs presque rejoints, le nez court, la bouche voluptueuse et violente, et l'éclat d'un teint de jeunesse, d'un teint de femme de trente ans, qu'elle doit à l'habitude de passer l'après-midi au lit quand elle reçoit le soir ou va dans le monde. Ayant vécu longtemps dehors, ambassadrice à Vienne, à Saint-Pétersbourg, à Constantinople, autorisée à donner le ton de la mode française, elle a gardé quelque chose de doctoral, d'informé, que les parisiennes lui reprochent, car elle leur parle en se penchant comme à des étrangères, leur explique tout ce qu'elles savent aussi bien qu'elle-même. La duchesse continue à représenter Paris chez les Kurdes, dans son salon de la rue de Poitiers, et c'est le seul défaut de cette noble et rayonnante personne.

Malgré la presque absence de femmes, de ces claires toilettes découvrant les bras et les épaules, qui alternent si bien dans la monotonie des habits noirs, miroitantes de brillants et de fleurs, la table a pour s'égayer la soutane violette du nonce à large ceinture de moire, la chechia pourpre de Mourad-Bey, la tunique rouge du garde-noble au collet d'or, à broderies bleues et galons d'or sur la poitrine où luit en plus l'énorme croix de la légion d'honneur, que le jeune italien a reçue le matin même, l'Élysée ayant cru devoir récompenser l'heureuse mission du porteur de barrette. Puis, partout les taches vertes, bleues, rouges des cordons, l'argent mat et les feux en étoiles des brochettes et des plaques.

Dix heures. Le dîner touche à sa fin, sans une fleur froissée aux bordures odorantes des surtouts et des couverts, sans une parole plus haute, un geste plus animé. Pourtant la chère est exquise à l'hôtel Padovani, une des rares tables de Paris où il y ait encore du vin. On sent quelqu'un de gourmand, dans la maison, et non pas la duchesse, vraie mondaine française, trouvant toujours le dîner bon quand elle a une robe seyante à sa beauté, quand le service est paré, fleuri, décoratif; mais l'attentif de Madame, le prince d'Athis, palais raffiné, estomac fini, rongé par les cuisines de cercle et qui ne se nourrit pas exclusivement de vaisselle plate ni de la vue des livrées de gala à mollets blancs irréprochables. C'est pour lui que le soin des menus compte parmi les préoccupations de la belle Antonia, pour lui les nourritures montées et l'ardeur des grands vins de côte qui, ce soir, franchement, n'ont guère allumé la table.

Même torpeur, même réserve gourmée au

dessert qu'aux hors-d'œuvre, à peine une rougeur aux joues et aux nez des femmes. Un dîner de poupées de cire, officiel, majestueux, de ce majestueux qui s'obtient surtout avec de l'espace dans le décor, des hauteurs de plafonds, des sièges très écartés supprimant l'intimité du coude à coude. Un froid noir, profond, un froid de puits, passe entre les couverts malgré la tiède nuit de juin dont le souffle venu des jardins par les persiennes entrecloses gonfle doucement les stores de soie. On se parle de haut, de loin, du bout des lèvres, le sourire immobile et figé ; et, des choses qui se disent, pas une qui ne soit un mensonge et ne retombe sur la nappe, banale et convenue, parmi les facticités du dessert. Les phrases restent masquées comme les visages, et c'est heureux, car si chacun se découvrait à cette minute, laissait voir sa pensée du fond, quel désarroi dans l'illustre société !

Le grand-duc, large face blafarde entre des favoris trop noirs taillés en boulingrin, tête de souverain pour journaux illustrés, tandis qu'il interroge avidement le baron Huchenard sur son récent ouvrage, songe en lui-même : « Mon Dieu ! que ce savant m'ennuie avec ses huttes en forme d'arbre... Comme on serait bien mieux au ballet de *Roxelane* où danse cette petite Déa que j'adore !... L'auteur de *Roxelane* est ici, me dit-on, mais c'est un vieux monsieur très vilain, très triste... Oh ! les jambes, le tutu de ma petite Déa. »

Le nonce, grand nez, lèvres minces, spirituelle figure romaine aux yeux noirs dans un teint de bile, écoute aussi, penché de côté, l'historique de l'habitation humaine et songe en regardant ses ongles luisants comme des coquillages : « J'ai mangé ce matin à la nonciature un délicieux *misto-frito* qui m'est resté sur l'estomac... Gioachimo a trop serré ma ceinture... Je voudrais bien être sorti de table. »

L'ambassadeur de Turquie, lippu, jaune, abruti, son fez jusqu'aux yeux, la nuque en avant, verse à boire à la baronne Huchenard et se dit : « Ces roumis sont abominables d'amener leurs femmes dans le monde à cet état de décomposition... le pal, plutôt le pal, que de laisser croire que cette grosse dame ait jamais couché avec moi ! » Et sous le sourire minaudier de la baronne remerciant Son Excellence, il y a : « Ce turc est ignoble, il me dégoûte. »

Ce que dit tout haut Mme Astier n'a pas non plus de rapport avec sa préoccupation intime : « Pourvu que Paul n'ait pas oublié d'aller chercher bon papa... l'effet sera joli de l'aïeul appuyé à l'épaule de son arrière-petit-fils... Si nous pouvions décrocher quelque commande à Son Altesse... » Puis, regardant tendrement la duchesse : « Elle est en beauté, ce soir... de bonnes nouvelles, sans doute, pour son ambassade... Jouis de ton reste, ma fille ; Samy sera marié dans un mois... »

Mme Astier ne s'est pas trompée. Le grand-duc, en arrivant, annonçait à sa parfaite amie la promesse de l'Élysée pour d'Athis, c'est l'affaire de quelques jours. La duchesse est folle d'une joie contenue qui l'illumine en dessous, la pare d'un éclat extraordinaire. Voilà ce qu'elle a fait de l'homme aimé, où elle l'a conduit !... Et déjà elle projette son installation personnelle à Pétersbourg, un hôtel sur la Perspective, pas trop loin de l'ambassade, pendant que le prince, blême, la joue fripée, le regard perdu — ce regard dont Bismarck n'a jamais supporté le scrutement — comprimant sur sa lèvre méprisante le double sourire, sibyllin et dogmatique, de la Carrière et de l'Académie, songe en lui-même : « Il faut maintenant que Colette se décide... elle viendrait là-bas, on se marierait sans bruit à la chapelle des pages... tout serait fini et irréparable quand la duchesse l'apprendrait. »

Et d'un convive à l'autre, mille pensées incongrues, bouffonnes, disparates, circulent ainsi sous la même enveloppe gommée. C'est la satisfaction béate de Léonard Astier qui a reçu le matin même l'ordre de Stanislas, deuxième classe, en retour de l'hommage fait à Son Altesse d'un exemplaire de son discours portant, épinglé en première page, l'autographe de la grande Catherine, très ingénieusement enchâssé dans le compliment de bienvenue. Cette lettre, qui a eu les honneurs de la séance, occupe les journaux depuis deux jours, retentit par toute l'Europe, répercutant le nom d'Astier, de sa collection, de son œuvre, dans un de ces assourdissants et disproportionnés échos de montagne que la multiplicité de la presse vaut à tous les événements contemporains. Maintenant le baron Huchenard peut essayer de ronger, de mordre et marmotter avec son ton doucereux : « J'appelle votre attention, mon cher collègue... » On ne l'écoutera plus. Et comme il sent bien cela, le prince des autographiles, quel regard enragé il tourne vers le cher collègue entre deux phrases de son boniment scientifique, que de venin dans tous les creux de sa longue figure en biseau, poreuse comme une pierre ponce !

Le beau Danjou rage, lui aussi, mais pour un autre motif que le baron : la duchesse n'a pas invité sa femme. Cette exclusion le blesse dans son amour-propre de mari, ce second foie plus douloureux que l'autre; et malgré son désir de briller pour le grand-duc, la provision de mots qu'il avait apportés, presque inédits, lui reste dans la gorge. Un autre encore qui sourit de travers, c'est le chimiste Delpech que l'Altesse, au moment des présentations, a félicité de ses travaux sur les caractères cunéiformes, le confondant avec son collègue de l'Académie des Inscriptions. Il faut dire qu'en dehors de Danjou, dont les comédies sont populaires à l'étranger, le grand-duc n'a jamais entendu parler des célébrités académiques présentes à ce dîner. Lavaux, le matin même, a fabriqué avec l'aide de camp une série de petits menus portant le nom de chaque invité et la nomenclature de ses principaux ouvrages. Que Son Altesse ne se soit pas plus embrouillée dans la série des compliments, voilà qui prouve un fier à-propos et une mémoire princière. Mais la soirée n'est pas finie, d'autres gloires académiques vont apparaître, déjà de sourds roulements de voitures, des claquements de portières jetées retentissent sous le porche, Monseigneur pourra se rattraper.

En attendant, d'une voix molle, lente, cherchant ses mots dont la moitié lui passe par le nez et s'y égare. Son Altesse discute un point d'histoire avec Astier-Réhu à propos de la lettre de Catherine II. Depuis longtemps les aiguières à mains ont fait le tour de la nappe, personne ne boit ni ne mange plus; on ne respire plus même, de peur d'interrompre la conférence, toute la table hypnotisée, soulevée, et par un curieux phénomène de lévitation, littéralement pendue aux lèvres impériales. Tout à coup l'auguste nasillement s'arrête, et Léonard Astier, qui résistait pour la forme, pour rendre plus éclatant le triomphe de son adversaire, jette ses bras comme des armes brisées, disant d'un air convaincu : « Ah ! Monseigneur, vous m'avez fait quinaud... » Le charme est rompu. la table sur ses pieds, on se lève dans un léger brouhaha d'admiration, des portes battent, la duchesse a pris le bras du grand-duc, Mourad-Bey celui de la baronne; et tandis qu'avec un frôlement de jupes, de chaises reculées, l'assistance s'égrène à la file, passe dans les salons, Firmin, le maître d'hôtel, grave, le menton haut, suppute à part lui : « Ce dîner, partout ailleurs, m'aurait valu mille francs de gratte... mais avec elle, va-t'en voir!... pas même trois cents francs... » Puis, tout haut, comme un crachat sur la traîne de la fière duchesse : « Carne, va!... »

« Que Votre Altesse me permette... mon grand-père, M. Jean Réhu, doyen des cinq Académies. »

Le timbre suraigu de Mᵐᵉ Astier sonne dans les grands salons allumés, presque déserts, où sont arrivés déjà les intimes admis à la soirée; elle crie très fort pour que bon-papa comprenne à qui il est présenté et réponde en conséquence. Il a fière mine, le vieux Réhu, dressant sa longue taille, portant droite encore sa petite tête créole devenue noire avec l'âge et toute gercée. Appuyé au bras de Paul Astier élégant et charmant, sa fille de l'autre côté, Astier-Réhu derrière eux, la famille ainsi groupée présente une scène sentimentale à la Greuze qu'on se figurerait volontiers sur une de ces hautes lisses claires qui tendent les murs du salon et dont l'extraordinaire vieillard est presque contemporain. Le grand-duc, très touché, cherche une parole heureuse ; mais l'auteur des *Lettres à Uranie* ne figure pas sur ses menus. Il s'en tire par quelques phrases vagues, auxquelles le vieux Réhu, croyant qu'on l'interroge sur son âge comme d'habitude, répond : « Quatre-vingt-dix-huit ans dans quinze jours, Altesse... » Puis il ajoute, ce qui ne rime pas davantage aux félicitations encourageantes du grand-duc : « Pas depuis 1803, monseigneur... la ville doit être bien changée... » Et pendant que s'échange ce singulier dialogue, Paul chuchote à sa mère : « Tu le reconduiras, si tu veux ; moi, je ne m'en charge plus... Il est d'une humeur de loup... En voiture, tout le temps, il m'envoyait des coups de pied dans les jambes... pour détirer ses nerfs, disait-il. » Lui-même, le jeune Paul a la voix cruellement nerveuse et cassante, ce soir, quelque chose de serré, de contracturé sur sa figure douce, que sa mère connaît bien, qu'elle a vu tout de suite quand elle est entrée. Qu'y a-t-il encore? Elle le surveille, essaie de lire dans ses yeux clairs qui se dérobent impénétrables, seulement plus aigus, plus durs.

Et le froid du dîner, le froid solennel continue, circule parmi les invités qui se groupent çà et là, les quelques femmes en cercle sur des sièges bas, les hommes debout, arrêtés ou marchant, mimant des conversations profondes avec la visible préoccupation d'attirer les regards de Son Altesse. C'est pour elle que le musicien Landry rêve au coin de la cheminée, levant son front génial et sa barbe d'apôtre, et qu'à l'autre angle Delpech le savant médite, le menton dans la main, anxieux, penché, des fronces au sourcil, comme s'il surveillait un mélange détonant.

Le philosophe Laniboire, fameux par sa ressemblance avec Pascal, rôde aussi, passe et repasse devant le canapé où monseigneur est en proie à Jean Réhu; on a oublié de le présenter, et, piteux, son grand nez s'allonge, quête à distance, semble dire : « Mais voyez donc si ce n'est pas le nez de Pascal ! » Et vers le même canapé Mme Eviza filtre, entre ses paupières à peine décloses un regard qui promet tout, quand monseigneur voudra, où et comme il voudra, pourvu que monseigneur vienne chez elle, qu'on le voie à son prochain lundi. Ah ! le décor a beau changer, la pièce sera toujours la même : vanité, bassesse, aptitude aux courbettes, courtisanesque besoin de s'avilir, de s'aplatir ! Il peut nous en venir, des visites impériales ; nous avons à l'ancien garde-meuble tout ce qu'il faut pour les recevoir.

« Général !

— Votre Altesse ?

— Je n'arriverai jamais pour le ballet...

— Mais, pourquoi restons-nous là, monseigneur ?

— Je ne sais quoi... une surprise... on attend que le nonce soit parti... »

Ils murmurent ces quelques mots du bout des lèvres, sans se regarder, sans qu'un muscle anime leurs faces officielles, l'aide de camp assis près de son maître dont il imite le nasillement, le geste rare et la posture immobile au bord du divan, le bras arrondi sur la hanche, raide comme à la parade ou sur le devant de la loge impériale au théâtre Michel. Debout devant eux, le vieux Réhu ne veut pas s'asseoir, ni cesser de parler, de remuer ses poudreux souvenirs de centenaire. Il a tant connu de gens, s'est habillé de tant de modes différentes ! et plus c'est loin, mieux il se rappelle. « J'ai vu ça, moi. » Il s'arrête une minute à la fin de chaque anecdote, les yeux au lointain, vers le passé fuyant, puis repart sur une autre histoire. Il était chez Talma, à Brunoy, ou dans le boudoir de Joséphine, plein de boîtes à musique, de colibris en brillants, gazouillant et battant des ailes. Le voici qui déjeune avec M⁰ᵉ Tallien, rue de Babylone. Il la dépeint nue jusqu'aux flancs, ses beaux flancs en galbe de lyre, un long pagne de cachemire battant ses jambes à cothurnes, les épaules recouvertes par les cheveux frisés et tombants. Il a vu cela, lui, toute cette chair d'espagnole, grassouillette et pâle, nourrie de blancs-mangers ; et ce souvenir fait grésiller ses petits yeux sans cils au fond de leurs orbites.

Dehors sur la terrasse, dans la nuit tiède du jardin, on cause à mi-voix, des rires étouffés traversent l'ombre où les cigares font un cercle de points rouges. C'est Lavaux qui s'amuse à demander au jeune garde-noble pour Danjou et Paul Astier l'histoire de la barrette et du *zuccheto* : « Monsignor il mé dit : Popino…

— Et la dame, comte, la dame de la gare?…

— Cristo, qu'elle était bella ! » dit l'Italien d'une voix sourde; et, tout de suite, pour corriger ce qu'il y a de trop goulu dans son aveu, il ajoute doucereusement : « Sympathica, surtout, sympathica!… » Belles et sympathiques, toutes les parisiennes lui semblent ainsi. Ah! s'il n'était pas obligé de reprendre son service… Et mis en verve par les vins de France, il raconte sa vie aux gardes-nobles, les bonis du métier, l'espoir qu'ils ont tous en entrant là de faire un beau mariage, de conquérir, un jour d'audience pontificale, quelque riche anglaise catholique, ou la fanatique espagnole venue de l'Amérique du sud pour apporter son offrande au Vatican. « L'ouniforme est zouli, comprénez; et pouis les enfortounes del Saint-Père cela nous donne à nous autres ses soldats oun prestigio roumanesque, cevaleresque, qualque sose qui plait aux dames zénéralementé. »

C'est vrai qu'avec sa jeune tête virile, ses broderies d'or doucement brillantes sous la lune, son collant de peau blanche, il rappelle les héros de l'Arioste ou du Tasso.

« Eh bien ! mon cher Pepino, dit le gros Lavaux de son ton raillard et mauvais chien, la belle affaire que vous cherchez, vous l'avez tout près d'ici, sous la main...

— *Comé !...* sous la main !... »

Paul Astier tressaille et tend l'oreille. Dès qu'on parle d'un riche mariage, il croit qu'on veut lui souffler le sien.

« La duchesse, parbleu !... Le vieux Padovani est à sa dernière attaque...

— *Ma...* lé prince d'Athis ?...

— Jamais il ne l'épousera... »

On peut croire Lavaux, qui est l'ami du prince, de la duchesse aussi du reste, mais qui dans la très prochaine craqûre du ménage s'est mis du côté qu'il suppose le plus solide : « Allez-y donc carrément, mon cher comte... Il y a là de l'argent, beaucoup d'argent... des relations... la femme pas trop décatie...

— Cristo! qu'elle est bella!... » soupire l'autre.

Danjou ricane : « Sympathique, surtout. »

Et le garde-noble, après un court étonnement, ravi de se rencontrer avec un académicien de tant d'esprit : « Si, si... sympathica... precisamenté... zé me le pensais...

— Et puis, reprend Lavaux, si vous aimez les eaux de teinture, postiches, bandages, sous-ventrières, vous serez servi... On la dit bardée, ceinturée de cuir et de fer en dessous... la meilleure cliente de Charrière... »

Il parle tout haut, sans aucune gêne, en face de la salle à manger dont la porte-fenêtre entr'ouverte éclaire sa large face rubiconde et cynique d'affranchi, de parasite, et souffle encore une haleine chaude de truffes, de salmis, tout le somptueux dîner qu'il vient de faire et qu'il éructe en basses et ignobles calomnies. Tiens! les voilà, tes truffes farcies; les voilà, tes gélinotes et tes « châteaux » à vingt francs le verre.

Ils se sont mis à deux, Danjou et lui, pour cette partie de débinage très reçue dans la société. Et ils en savent, et ils en racontent. Lavaux lance l'ordure, Danjou la repaume ; et l'ingénu garde-noble, ne sachant au juste ce qu'il faut croire, essayant de rire, le cœur étreint à l'idée que la duchesse pourrait les surprendre, éprouve un vrai soulagement en entendant son oncle qui l'appelle à l'autre bout de la terrasse : « Oh !... Pépino... » La nonciature se couche de bonne heure et lui fait expier en sagesse les mésaventures de la barrette.

« Bonne nuit, messieurs.

— Bonne chance, jeune homme. »

Le nonce est parti. Vite, la surprise ! Sur un signe de la duchesse, l'auteur de *Roxelane* se met au piano, traîne sa barbe sur les touches en plaquant deux moelleux accords. Aussitôt, là-bas, tout au fond, les hautes portières s'écartent, et dans l'enfilade des salons étincelants s'avance au petit trot, sur la pointe de ses souliers dorés, une délicieuse brunette en maillot de danse et jupes ballonnées, menée au bout des doigts par un sombre personnage aux cheveux roulés, à la face macabre coupée d'une longue moustache en bois noirci. Déa, Déa, la folie du jour, le jouet à la mode, et avec elle son professeur Valère, chef de la danse à l'Opéra. On a commencé ce soir par *Roxelane*, et, toute chaude encore du triomphe de sa sarabande, la petite vient la danser une seconde fois pour l'hôte impérial de la duchesse.

De surprise plus agréable, la parfaite amie n'aurait su vraiment en imaginer. Avoir là, devant soi, pour soi, presque dans la figure, ce joli tourbillon de tulle, ce souffle haletant, jeune et frais, entendre tous les nerfs tendus du petit être craquer, vibrer comme les écoutes d'une voile, quelles délices! et monseigneur n'est pas seul à les savourer. Dès la première pirouette, les hommes se sont rapprochés, formant un cercle brutal et serré d'habits noirs en dehors duquel les rares femmes présentes en sont réduites à regarder de loin. Le grand-duc est confondu, bousculé dans cette presse, car à mesure que se précipite la sarabande, le cercle se rétrécit, jusqu'à gêner l'évolution de la danse ; et, penchés, soufflant très fort, académiciens et diplomates, la nuque avancée, leurs cordons, leurs grand-croix ballant comme des sonnailles, montrent des rictus de plaisir qui ouvrent jusqu'au fond des lèvres humides, des bouches démeublées, laissent entendre de petits rires semblables à des hennissements. Même le prince d'Athis humanise la courbe méprisante de son profil devant ce miracle de jeunesse et de grâce dansante qui, du bout de ses pointes, décroche tous ces masques mondains ; et le turc Mourad-Bey qui n'a pas dit un mot de la soirée, affalé sur un fauteuil, maintenant gesticule au premier rang, gonfle ses narines, désorbite ses yeux, pousse les cris gutturaux d'un obscène et démesuré Caragouss. Dans ce frénétisme de vivats, de bravos, la fillette volte, bondit, dissimule si harmonieusement le travail musculaire de tout son corps que sa danse paraîtrait facile, la distraction d'une libellule, sans les quelques points de sueur sur la chair gracile et pleine du décolletage et le sourire en coin des lèvres, aiguisé, volontaire, presque méchant, où se trahit l'effort, la fatigue du ravissant petit animal.

Paul Astier, qui n'aime pas la danse, est resté à fumer sur la terrasse. Les applaudissements lui arrivent lointains avec les grêles accords du piano, accompagnement d'une songerie profonde où il voit clair peu à peu en lui-même, comme il aperçoit, ses yeux se faisant à l'ombre, les grands fûts des arbres du jardin, leurs feuillages frémissants, le treillage fin et serré d'une façade dans le goût ancien appuyée au mur du fond, en perspective... C'est dur, d'arriver; il en faut, du souffle, pour atteindre ce qu'on vise, ce but que l'on croit toucher, toujours reculé, toujours plus haut... Cette Colette! à chaque instant, il semble qu'elle va lui tomber dans les bras; puis quand il revient, c'est à recommencer, une conquête à refaire. On dirait qu'en son absence, quelqu'un s'amuse à détruire son ouvrage. Qui?... Le mort, pardi! ce sale mort... Il faudrait être là du matin au soir, près d'elle; mais comment faire, avec la vie, les corvées, tant de courses pour l'argent?

Un pas léger, un frôlement épais de velours, c'est sa mère qui le cherche et s'inquiète : Pourquoi ne vient-il pas au salon avec tout le monde? Elle s'accoude au balustre près de lui, veut savoir ce qui le préoccupe.

« Rien, rien... » Puis pressé, questionné : Eh bien! il a... il a... qu'il en a assez de cette vie de crevage de faim. Toujours des billets, des protêts... Boucher un trou pour en rouvrir un autre... Il est à bout, il n'en peut plus, là!...

Du salon viennent de grands cris, des rires fous, et la voix blanche de Valère, le chef de la danse, faisant mimer à Déa la charge d'un ballet vieux style : « Un battement... deux battements... l'Amour méditant un larcin... »

« Qu'est-ce qu'il te faut? chuchote la mère toute tremblante. Jamais elle ne l'a vu ainsi.

— Non, inutile, tu ne pourrais pas... c'est trop lourd. »

Elle insiste : « Combien?

— Vingt mille!... » et chez l'huissier demain,

avant cinq heures... sans quoi, la saisie, la vente, un tas de malpropretés dont, plutôt que d'avoir la honte... Il mâchonne rageusement son cigare et ses mots : «... mieux me faire sauter le caisson. »

Ah! il n'en faut pas plus : « Tais-toi, tais-toi... demain avant cinq heures... » Et des mains passionnées, furieuses, se jettent à ses lèvres pour en arracher, pour y renfoncer l'horrible parole de mort.

VI

De la nuit, elle ne dormit pas, avec l'affreux lancinement de ce chiffre en travers du crâne : Vingt mille francs ! Vingt mille francs ! Où les trouver ? à qui écrire ? Et si peu de temps devant elle. Des noms, des figures passaient en éclair, traversaient un instant au plafond le reflet bleuâtre de la veilleuse pour s'évanouir et faire place à d'autres noms, d'autres figures qui disparaissaient aussi vite. Freydet ? Elle venait de s'en servir... Samy ? sans le sou jusqu'à son mariage... Puis, quoi ! Est-ce qu'on emprunte vingt mille francs, est-ce qu'on les prête ? Il fallait ce poète de province... A Paris, dans la « Société » l'argent ne joue qu'un rôle occulte. On est censé en avoir, vivre au-dessus de ces misères comme dans les comédies distinguées. Manquer à cette convention, ce serait s'éliminer soi-même de la bonne compagnie.

Et pendant que Mᵐᵉ Astier songeait dans la fièvre, le large dos de son mari soulevé d'un souffle égal s'arrondissait à côté d'elle. Une des tristesses de leur vie à deux, ce lit bourgeoisement partagé où ils dormaient depuis trente ans côte à côte, sans rien de commun que leurs draps; mais jamais l'indifférence de son morne compagnon de litière ne l'avait ainsi révoltée, indignée. L'éveiller? à quoi bon? Lui parler de l'enfant, de sa menace désespérée? Elle savait si bien qu'il ne la croirait pas, qu'il ne retournerait pas même cet énorme dos en guérite où il s'abritait. Un moment l'idée lui vint de tomber dessus, de le cribler de coups de poings, de coups de griffes, de crier bien fort à ce lourd sommeil égoïste : « Léonard, vos archives brûlent. » Et cette idée d'archives lui traversant follement la tête, peu s'en fallut qu'elle-même ne se précipitât du lit. Trouvés, les vingt mille francs! Là-haut, dans le cartonnier... Comment n'y avait-elle pas songé plus tôt?... Jusqu'au jour, jusqu'au dernier crépitement de la veilleuse, elle combina son affaire, immobile, apaisée, un regard de voleuse dans ses yeux restés ouverts.

Habillée de bonne heure, tout le matin elle rôda par l'appartement, guettant son mari qui devait partir puis changeait d'avis, faisait du classement jusqu'au déjeuner. Léonard allait, venait de son cabinet à la soupente, les bras chargés de paperasses, dispos et fredonnant, bien trop épais pour comprendre l'inquiétude nerveuse qui chargeait l'atmosphère de l'étroit logis, agitait les meubles, électrisait les battants et les boutons des portes. Calme dans son travail, il fut bavard à table, raconta d'idiotes histoires qu'elle connaissait par cœur, interminables autant que l'émiettement au bout du couteau à dessert de son éternel fromage d'Auvergne; et toujours il en reprenait, de ce fromage, et toujours il ajoutait une anecdote à l'anecdote. Et comme il fut lent encore à partir pour la séance de l'Institut, précédée aujourd'hui de la commission du dictionnaire, quel temps aux plus petits détails, malgré son vouloir à elle de le pousser dehors !

Quand il eut tourné la rue de Beaune, sans même refermer la fenêtre elle courut au guichet de Corentine :

« Vite, une voiture ! »

Et seule, enfin seule, elle s'élança dans le petit escalier des archives.

La tête courbée à cause du plafond bas, elle essayait les clefs d'un trousseau à la serrure fermant les traverses du cartonnier et, devant la difficulté, le temps qui pressait, sans hésiter voulut faire sauter un des montants. Mais ses mains s'énervaient, elle cassait ses ongles. Il fallait un levier, un objet quelconque; elle ouvrit le tiroir de la table à jeu et les trois lettres, les trois Charles-Quint qu'elle cherchait, s'offrirent à elle, griffonnés et jaunis. Il y a de ces miracles !... Penchée dans le cintre de la vitre basse, elle s'assura que c'était bien cela. « A François Rabelais, maître en toutes sciences et bonnes lettres... » n'en lut pas davantage, se cogna durement la tête en se relevant mais ne sentit rien qu'en bas dans le fiacre qui l'emportait chez ce Bos de la rue de l'Abbaye.

Elle descendit à l'entrée de cette rue, très courte, paisible, abritée dans l'ombre de Saint-Germain-des-Prés et les briques rouges des vieux bâtiments de l'école de Chirurgie où stationnaient quelques coupés de maître à la somptueuse livrée de Messieurs les professeurs. Peu de passants ; des pigeons picorant à même le trottoir qu'elle fit envoler en arrivant devant le magasin, moitié librairie, moitié curiosités, qui étalait juste en face de l'école son enseigne archaïque bien à sa place dans ce recoin du vieux Paris : « Bos, archiviste-paléographe. »

Il y avait de tout, à cette devanture ; anciens manuscrits, livres de raison aux tranches piquées de moisissures, antiques missels dédorés, fermoirs, gardes de livres, puis, collés sur les hautes vitres, des assignats, de vieilles affiches, plans de Paris, complaintes, bons de poste militaires tachés de sang, autographes de tous les temps, une poésie de Mᵐᵉ Lafarge, deux lettres de Chateaubriand à Pertuzé bottier; et des noms de célébrités anciennes et modernes sous des invitations à dîner, quelquefois des demandes d'argent, des aveux de détresse ou des confidences d'amour, à donner la terreur et le dégoût d'écrire. Ces autographes portaient tous leurs chiffres de vente; et Mᵐᵉ Astier arrêtée un moment à la vitrine pouvait voir, près d'une lettre de Rachel cotée trois cents francs, un billet de Léonard Astier-Réhu à son éditeur Petit-Séquard : deux francs cinquante. Mais ce n'était pas cela qu'elle cherchait derrière l'écran de soie verte qui masquait l'intérieur, le profil de l'archiviste-paléographe, l'homme à qui elle aurait à faire. Une appréhension lui venait à la dernière minute : pourvu qu'il fût là, seulement !

L'idée que son Paul attendait la fit entrer enfin dans le noir, le renfermé poussiéreux de la boutique, et, sitôt introduite vers un second petit cabinet au fond, elle entreprit d'expliquer à M. Bos, un gros rouge ébouriffé, tête d'orateur de réunions publiques, leur détresse momentanée et comment son mari n'avait pu se décider à venir lui-même. Il ne la laissa pas mentir toute son histoire : « Mais comment donc, madame ! » Tout de suite, un chèque sur le Crédit Lyonnais, et des égards, des saluts de reconduite jusqu'au fiacre.

« Une femme bien distinguée, » pensait-il, enchanté de son acquisition; et elle, en dépliant le chèque glissé dans son gant, relisant le bienheureux chiffre, songeait : « Quel homme charmant ! » Du reste, nul remords, pas même ce petit sursaut de la mauvaise action accomplie; la femme ne connaît pas ces choses-là. Toute à son désir de l'heure présente, elle a des œillères naturelles qui l'empêchent de voir autour d'elle, lui épargnent les réflexions dont l'homme encombre ses actes décisifs. De temps en temps, celle-ci pensait bien à la colère de son mari constatant le vol; mais cela lui semblait confus, très lointain, peut-être même était-elle heureuse d'ajouter cette épreuve à tous les tremblements ressentis depuis la veille : « Encore ça que mon enfant me coûte. »

C'est que sous ses dehors tranquilles, sous sa patine de mondaine académique, il y avait chez elle ce qu'il y a chez toutes, du monde ou pas du monde, la passion. Le mari ne la trouve pas toujours, cette pédale qui met le clavier féminin en mouvement; l'amant lui-même la manque quelquefois, jamais le fils. Dans le triste roman sans amour, que sont tant d'existences de femmes, c'est lui le héros, le grand premier rôle. A son Paul, surtout depuis qu'il avait l'âge d'homme, Mme Astier devait les seules vraies émotions de sa vie, les délicieuses angoisses de l'attente, les pâleurs, les froids, les brûlures au creux des mains, les intuitions surnaturelles qui font dire infailliblement : « le voilà ! » avant que la voiture s'arrête, toutes choses ignorées d'elle, même aux premières années du mariage, même au temps où le monde l'accusait de légèreté, où Léonard Astier disait avec bonhomie : « C'est singulier... Je ne fume jamais, et les voilettes de ma femme sentent le tabac.... »

Oh! son affolement d'inquiétude, quand elle arriva rue Fortuny et qu'un premier coup de sonnette resta sans réponse. Muet et clos sous son grand toit à crête de zinc, le petit hôtel Louis XII, tant admiré pourtant, lui apparut tout à coup sinistre, et non moins sinistre la maison de rapport, fortement Louis XII aussi, dont les deux étages supérieurs montraient des files d'écriteaux « A louer... A louer... » en travers des hautes fenêtres à meneaux. Au second coup de timbre, frémissant et retentissant, celui-là, Stenne, le rageur petit domestique, très en tenue, sanglé dans sa livrée bleu de ciel, se montra enfin sur le seuil, assez embarrassé, bégayant ses réponses : « Pour sûr, que M. Paul était là, seulement... seulement... » La malheureuse mère, depuis la veille hantée par l'idée d'une catastrophe, s'imagina son fils râlant ensanglanté, et d'un élan franchit le couloir, les trois marches de l'atelier-salon où elle entra en suffoquant.

Paul travaillait debout devant sa table haute dans l'embrasure d'un magnifique vitrail dont un panneau ouvert éclairait le lavis en train, la boîte d'aquarelle étalée, tandis que les fonds de la pièce reculaient dans un odorant et voluptueux demi-jour. Il restait absorbé par son travail comme s'il n'eût pas entendu l'arrêt de la voiture, ensuite les deux coups de timbre et le rapide battement d'une robe dans le couloir. Mais ce n'était pas cette pauvre robe noire fripée qu'il attendait, ce n'était pas pour elle qu'il posait de profil sur son esquisse, ni pour elle non plus qu'il avait préparé ces frêles bouquets de grandes fleurs, iris et tulipes, et sur une petite table anglaise un drageoir et des flacons ciselés.

En se retournant, son exclamation : « C'est toi ! » aurait averti toute autre que la mère. Elle n'y prit pas garde, éblouie de le voir là, en face d'elle, correct et joli, bien vivant ; et, sans parler encore, son gant vivement déboutonné, elle lui tendit le chèque, triomphante. Il ne demanda pas d'où venait cet argent, ce qu'il lui avait coûté, la prit tendrement contre son cœur en

ayant soin de ne pas chiffonner le papier :
« M'man, m'man... » et ce fut tout. Elle était
payée, sentant cependant une gêne en son enfant
au lieu de la grande joie qu'elle attendait.

« Où vas-tu en sortant d'ici? fit-il d'un ton
rêveur, toujours son chèque à la main.

— En sortant d'ici?... » Elle le regardait
égarée et triste. Mais elle arrivait seulement,
elle comptait bien passer un bon moment avec
lui; enfin, puisque cela le gênait... « Où je
vais?... chez la princesse... Oh! ce n'est pas
pressé... si ennuyeuse à toujours pleurer son
Herbert... On croit qu'elle n'y pense plus,
et puis ça repique de plus belle. »

Sur les lèvres de Paul hésita quelque chose
qu'il ne dit pas.

« Eh bien! rends-moi un service, m'man...
J'attends quelqu'un... va toucher ceci pour moi
et retirer mes traites de chez l'huissier... Tu
veux? »

Si elle voulait! En s'occupant de lui, ne
serait-elle pas avec lui plus longtemps? Pendant
qu'il signait, la mère regardait autour d'elle

l'atelier tendu de tapis et de guipures, où, à part un X en vieux noyer, quelques moulages historiques, des fragments d'entablement accrochés çà et là, rien ne disait la profession de l'habitant; et songeant à ses transes de tout à l'heure, la vue des bouquets à grandes tiges, du lunch servi près du divan, lui suggéra que c'étaient de singuliers apprêts de suicide. Elle sourit sans la moindre rancune... « Ah! le joli monstre!... » et se contenta de lui dire en montrant du bout de son ombrelle le drageoir rempli de fondants :

« Pour te faire sauter la... le... comment dis-tu ça? »

Lui aussi se mit à rire :

« Oh! tout est changé depuis hier... Mon affaire, tu sais, la grosse affaire dont je t'ai parlé... Eh bien! cette fois, je crois que ça va y être...

— Tiens! c'est comme la mienne...

— Ah! oui, Samy... le mariage... »

Leurs jolis yeux faux, d'un gris dur et semblable, un peu déteint chez la mère, se croisaient, se fouillaient un moment. « Tu vas voir que nous serons trop riches... » dit-il enfin, et la poussant doucement dehors : « Sauve-toi... sauve-toi. »

Le matin, un billet de la princesse avait averti Paul qu'elle viendrait le prendre chez lui, pour aller là-bas. Là-bas, c'est-à-dire au Père-Lachaise. Depuis quelque temps « Herbert repiquait », comme disait Mᵐᵉ Astier. Deux fois par semaine, la veuve portait des fleurs au cimetière, les flambeaux, les prie-Dieu pour la chapelle, activait et surveillait les ouvriers ; une vraie recrudescence de ferveur conjugale. C'est qu'après un long et pénible débat entre sa vanité et son amour, la tentation de rester princesse et le charme fascinant de ce délicieux Paul Astier, — débat d'autant plus cruel qu'elle ne le confiait à personne qu'au pauvre Herbert, tous les soirs, dans son journal, — tout à coup la nomination de Samy avait emporté sa résolution ; et il lui paraissait convenable, avant de prendre un nouveau mari, d'enterrer le premier définitivement, d'en finir avec ce mausolée et l'intimité dangereuse du trop séduisant architecte.

Paul Astier s'amusait sans les comprendre des trépidations de cette petite âme affolée, y voyait un symptôme excellent, la crise suprême des grandes décisions, seulement trop longue, et il était pressé. Il fallait brusquer le dénouement, profiter de cette visite de Colette longtemps attendue, longtemps remise, comme si, malgré sa curiosité de connaître l'installation du jeune homme, la princesse avait eu peur d'un tête-à-tête, plus complet là que dans son propre hôtel ou dans son coupé, sous la surveillance de la livrée toujours présente. Non qu'il eût montré trop de hardiesse; frôleur, enveloppant, c'est tout ce qu'on pouvait dire. Mais elle se redoutait elle-même, donnant en cela raison à ce jeune impertinent qui, très adroit stratège en amour, l'avait à première vue classée dans la catégorie des villes ouvertes. Il désignait ainsi les mondaines très défendues et bastionnées en apparence, gardées d'amont et d'aval, par le fleuve et par la montagne, haut perchées, inattaquables, et qui en réalité s'enlèvent d'un coup de main. Cette fois pourtant, son intention n'était pas de donner l'assaut; quelques approches un peu vives, une heure ou deux de pressant flirtage, assez pour marquer la femme à sa griffe sans l'humilier, le congé du mort signifié positivement, puis le mariage et les trente millions. Voilà le rêve heureux que Mme Astier avait interrompu et qu'il reprenait à la même table, dans la même pose méditative, quand un nouveau coup de timbre remplit tout l'hôtel. Des pourparlers, des retards. Paul ouvrit sa porte impatienté : « Qu'est-ce que c'est ? »

La voix d'un grand valet de pied, vêtu de noir, découpant sa silhouette sur la rue éclaboussée de pluie, lui répondit de loin avec une respectueuse insolence que madame la princesse attendait Monsieur dans la voiture. Paul Astier eut le courage de crier en étranglant : « J'y vais. » Mais, quelle rage ! que d'ignobles injures bégayées contre ce mort, dont le souvenir l'avait sûrement retenue ! Presque aussitôt l'espoir d'une revanche, probablement très bouffonne-

et à courte date, remit ses traits en place pour rejoindre la princesse, aussi maître de lui que d'habitude, ne gardant de sa colère qu'un peu plus de pâleur aux joues.

Très chaud, le coupé dont on avait dû relever les glaces à cause de l'ondée subite. D'énormes bouquets de violettes, des couronnes lourdes comme des tourtes chargeaient les coussins autour de Mme de Rosen, emplissaient ses genoux.

« Ces fleurs vous gênent peut-être... désirez-vous que j'ouvre ? » demanda-t-elle avec cette câlinerie gentiment hypocrite de la femme qui vient de vous jouer un mauvais tour mais voudrait qu'on reste amis quand même. Paul eut un geste évasif très digne. Qu'on ouvrît, qu'on fermât, cela lui était parfaitement égal. Toute dorée et rose sous ses longs voiles de veuve, repris les jours de cimetière, la princesse se sentait mal à l'aise, aurait préféré des reproches. Elle était si cruelle envers ce jeune homme, bien plus cruelle encore qu'il ne pensait, hélas !... Et la main doucement sur celle de Paul : « Vous m'en voulez ? »

Lui? pas du tout. De quoi lui en aurait-il voulu?

« De n'être pas entrée... C'est vrai que j'avais promis... puis au dernier moment... Je ne croyais pas vous faire tant de peine.

— Vous m'en avez fait beaucoup. »

Oh! ces hommes corrects, ces hommes de tenue, quand un mot de sensibilité leur échappe quelle valeur il prend au cœur de la femme. Cela la retourne presque autant que de voir pleurer un officier en uniforme.

« Non, non, je vous en prie, n'ayez plus de chagrin à cause de moi... dites que vous ne m'en voulez plus... »

Elle lui parlait de tout près, penchée vers lui, laissant crouler ses fleurs, rassurée contre tout danger par les deux larges dos noirs, les hauts chapeaux à cocardes noires qu'un grand parapluie abritait sur le siège.

« Écoutez, je vous promets de venir une fois, au moins une fois, avant... » Elle s'arrêta épouvantée. Dans la sincérité de son effusion, n'allait-elle pas lui avouer leur séparation prochaine, son départ à Pétersbourg. Et se reprenant bien vite, elle jura de venir le surprendre une après-midi où elle n'irait pas là-bas ensuite.

« Mais vous y allez tous les jours là-bas, » dit-il les dents serrées, avec une si comique intonation de rage froide qu'un sourire frissonna sous le voile de la veuve qui abaissa la glace par contenance. L'averse avait cessé : dans la rue faubourienne, misérable et joyeuse, où le coupé s'engageait, un chaud soleil, presque d'été, annonçait la fin des misères, faisait reluire les étalages sordides, les petites charrettes au ras des ruisseaux, le coloriage des affiches, les guenilles flottant aux fenêtres. La princesse regardait indifférente, car rien n'existe des trivialités de la rue pour les gens habitués à ne la voir que des coussins de leur voiture, suspendus à deux pieds de terre. Le doux balancement, les glaces intactes font à ces privilégiés une vision à part, désintéressée de tout ce qui n'est pas au niveau de leur regard.

Mme de Rosen pensait : Comme il m'aime, comme il est bien !... L'autre avait certainement plus grand air, mais comme, avec celui-là, c'eût été plus gentil! Ah! la vie la plus heureuse n'est qu'un service dépareillé, il n'y a jamais de complet assortiment.

On approchait du cimetière. Des deux côtés de la chaussée les hangars des marbriers montraient des blancheurs dures, des dalles, des statues, des croix mêlées à l'or des immortelles, au jais noir ou blanc des couronnes et des ex-votos.

« Et Védrine?... sa figure?... à quoi nous décidons-nous? » demanda-t-il brusquement, du ton d'un homme qui ne veut que parler affaires.

— C'est que... » Et tout éplorée : « Ah! mon Dieu, je vais vous faire encore de la peine...

— Moi... pourquoi donc? »

La veille ils étaient retournés voir une dernière fois le paladin avant qu'on l'envoyât à la fonte. Déjà, à une première visite, la princesse avait été fâcheusement impressionnée, moins encore par la sculpture de Védrine à peine regardée que par cet étrange atelier où poussaient des arbres, où des lézards et des cloportes couraient sur les murailles ; puis, tout autour, ces ruines, ces plafonds effondrés, sentant encore l'incendie, la révolution. Mais de cette seconde entrevue la pauvre petite femme était revenue littéralement malade. « L'horreur des horreurs, ma chère ! » ainsi exprimait-elle sa vraie impression, le soir même, à Mᵐᵉ Astier, ce qu'elle n'avait osé dire à Paul, le sachant ami du sculpteur, et aussi parce que ce nom de Védrine était des trois ou quatre que la convention mondaine choisit à l'envers de son goût, de son éducation et admire follement sans savoir pourquoi, par une prétention à l'originalité artistique. Cette informe et grossière figure sur la tombe de son Herbert !.. oh ! non, non... mais c'est le prétexte à donner qu'elle ne trouvait pas.

« Voyons, monsieur Paul, entre nous... sans doute, c'est un morceau superbe... Un beau Védrine certainement... mais convenez que c'est un peu triste !

— Dame ! pour un tombeau...

— Puis, si vous voulez que je vous dise... »
Elle avouait, hésitante, que cet homme tout nu
sur son lit de camp ne lui paraissait vraiment
pas convenable, on pouvait croire à un portrait :
« Et voyez-vous ce pauvre Herbert, si réservé,
si correct... De quoi aurait-on l'air ?

— Le fait est qu'en y songeant... » fit Paul
très sérieux ; et jetant son ami Védrine par-dessus bord aussi tranquillement qu'une portée de
petits chats : « Après tout, si cette figure vous
déplaît, on en mettra une autre, ou même pas
du tout. Ce sera plus saisissant, la tente vide, le
lit dressé, et personne... »

La princesse ravie, surtout à l'idée qu'on ne
verrait pas le vilain couche-tout-nu : « Oh !
quel bonheur... comme vous êtes gentil...
Tenez, maintenant je puis vous le dire, j'en ai
pleuré toute la nuit. »

Comme toujours, en arrêtant au grand portail, le valet de pied prit les couronnes et suivit
à distance, pendant que Colette et Paul montaient sous le soleil lourd par un chemin amolli

des averses de tout à l'heure; elle s'appuyait à son bras, s'excusait de temps en temps: « Je vous fatigue... » A quoi, lui, faisait non de la tête avec un sourire triste. Peu de monde au cimetière. Un jardinier, un gardien saluaient respectueusement au passage la princesse, une habituée; mais lorsqu'ils eurent quitté l'avenue, franchi les terrasses supérieures, ce fut la solitude et l'ombre avec des cris d'oiseaux sous les feuilles, mêlés à ce grincement des scies, à ces coups métalliques d'instruments taillant la pierre qu'on entend toujours au Père-Lachaise, comme dans une ville jamais finie, en permanente construction.

Deux ou trois fois Mᵐᵉ de Rosen avait surpris le regard irrité de son compagnon vers le grand laquais en longue lévite, cocarde au chapeau, éternel et lugubre accompagnateur de leur amour, et dans son empressement à lui plaire aujourd'hui: « Attendez, » dit-elle en s'arrêtant. Elle se chargea elle-même des fleurs, des couronnes, puis congédia le domestique, et ils furent tout à fait seuls dans l'allée tournante.

Cette attention gentille ne défronça pas les sourcils de Paul, et comme il avait passé au bras qui lui restait libre trois ou quatre disques de violettes russes, immortelles, lilas de perse, sa colère contre le défunt montait encore. Il pensait rageusement : « Tu me paieras ça. » Elle, au contraire, se sentait singulièrement heureuse, épanouie dans cet égoïsme de santé et de vie qui nous prend aux endroits de mort. Peut-être la chaleur du jour, ces fleurs embaumées, mêlant leur arome à celui plus fort des ifs et des buis, de la terre mouillée s'évaporant au soleil et aussi à une autre odeur, âcre, fade, pénétrante, qu'elle connaissait bien, mais qui, ce jour-là, ne l'écœurait pas comme ordinairement, la grisait plutôt.

Tout à coup, elle frissonna. Sa main sur le bras du jeune homme, il venait de la saisir dans la sienne, brusquement, et il la serrait, l'étreignait comme un corps de femme, cette petite main qui n'avait pas le courage de s'en aller. Il cherchait à en écarter les doigts menus pour les croiser aux siens, y entrer, l'avoir toute ; mais

la main résistait, se contractait sous le gant :
« Non, non... jamais ! » et pendant ce temps,
ils continuaient à marcher, l'un près de l'autre,
sans parler, sans se regarder, très émus, car tout
est relatif dans la volupté et c'est la résistance
qui fait le désir. Enfin, elle se donna, s'ouvrit,
cette petite main serrée, et leurs doigts se cro-
chèrent à écarteler leurs gants; une minute
délicieuse de plein aveu, de possession complète. Mais, tout de suite, l'orgueil de la femme
se réveilla. Elle voulut parler, prouver qu'elle
restait intacte, que cela se passait loin d'elle,
même qu'elle l'ignorait parfaitement, et ne
trouvant rien à dire, elle lisait tout haut l'épitaphe d'une tombe à plat dans les ronces : « Au-
gusta, 1847, » et lui, haletant, murmurait :
« Une histoire d'amour, sans doute. » Des
merles sifflaient sur leurs têtes, des mésanges,
grinçant un peu comme ce bruit de bâtisse, qui
ne cessait pas au lointain.

Ils arrivaient dans la vingtième division,
cette partie du cimetière qui est comme le vieux
Paris du Père-Lachaise, les allées plus étroites,

les arbres plus hauts, les tombes plus serrées, un enchevêtrement de grilles, de colonnes, de temples grecs, de pyramides, d'anges, de génies, de bustes, d'ailes ouvertes ou repliées. De ces tombes, vulgaires, baroques, originales, simples, emphatiques, prétentieuses ou timides, comme furent les existences qu'elles recouvraient, les unes avaient la pierre de leur caveau fraîchement ravalée, chargée de fleurs, d'ex-votos et de petits jardins d'une grâce minuscule et chinoise. A d'autres, verdissaient ou se fendaient les dalles moussues, chargées de ronces et d'herbes hautes ; mais toutes montraient des noms connus, des noms bien parisiens, notaires, magistrats, commerçants notables, alignant là leur devanture comme aux quartiers de basoche ou de négoce, et même de doubles noms alliant deux familles, association de richesse ou de situation, signatures prospères disparues du Bottin, des en-dos de banque et se retrouvant immuables sur les caveaux. Et Mme de Rosen les signalait : « Tiens... les un tel... » de la même exclamation surprise et presque joyeuse dont elle saluait une voiture au bois. « Mario !... était-ce le chanteur ?... » toujours pour feindre d'ignorer l'étreinte de leurs deux mains.

Mais la porte d'un caveau grinça près d'eux, quelqu'un se montra, une grosse dame en noir, ronde et fraîche, qui portait un petit arrosoir, faisait son ménage mortuaire, soignait le jardinet, la chapelle, tranquille comme à la campagne dans un cabanon marseillais. Par-dessus l'entourage, elle les salua d'un bon sourire affectueux et résigné qui semblait dire : « Allez, aimez-vous, la vie est courte, il n'y a que cela de bon. » Gênées, leurs mains se décroisèrent ; et subitement allégée du mauvais charme, la princesse passa devant, un peu confuse, prit au plus court à travers les tombes pour joindre plus vite le mausolée du prince.

Il occupait, tout en haut de la « vingtième, » un vaste terre-plein gazonné et fleuri que fermait une grille en fer forgé, basse et lourde, dans le sentiment de la grille du tombeau des Scaliger, à Florence. L'aspect général, ainsi voulu, était trapu et fruste, bien la tente primitive à gros plis rudes de toile passée au tanin dont la pierre dalmate donnait les tons rougeâtres. Trois larges degrés de cette même pierre, puis la baie s'ouvrait, flanquée de piédestaux et de hauts trépieds funéraires en bronze noir, comme vernissé. Au-dessus de l'entrée, les armes des Rosen dans un grand cartouche, de bronze encore, qui suspendait ainsi, devant sa tente, l'écu du bon chevalier endormi.

La grille franchie, les couronnes posées un peu partout, aux deux piédestaux, sur les bornes inclinées faisant comme d'énormes piquets de tente au ras du soubassement, la princesse vint s'agenouiller tout au fond dans l'ombre de l'autel, où luisaient les franges d'argent de deux prie-Dieu, le vieil or d'une croix gothique et de chandeliers massifs. Il faisait bon, là, pour prier dans la fraîcheur des dalles et ces revêtements de marbre noir où le nom du prince Herbert étincelait avec tous ses titres, en face de versets de l'Ecclésiaste et du Cantique des cantiques. Mais rien ne venait à la princesse que des mots, un marmottement, distrait d'idées profanes qui lui faisaient honte. Elle se levait, s'agitait autour des jardinières, s'éloignait à point pour juger de l'effet du lit en sarcophage. Déjà était posé le coussinet de bronze noir chiffré d'argent ; et elle trouvait cela simple et beau, cette dure couche sans rien dessus. Pourtant, il fallait consulter M. Paul dont on entendait les pas d'attente sur le gravier du jardinet, et tout en approuvant sa discrétion, elle allait l'appeler quand le caveau s'assombrit. La pluie se remit à tinter sur les trèfles vitrés de la coupole. « Monsieur Paul… monsieur Paul ! » Assis au bord d'un piédestal, immobile, il supportait l'ondée et répondit d'abord par un muet refus.

« Mais entrez donc ! »

Il résistait, et très bas, très vite :

« Je ne veux pas… vous l'aimez trop…

— Si, si, venez… »

Elle l'attira par la main sur l'entrée du caveau, mais les éclaboussements les faisaient reculer peu à peu jusqu'au sarcophage où ils s'accotaient debout et rapprochés, regardant sous le ciel bas et brouillé tout le vieux Paris de la mort, en pente devant eux, précipitant ses minarets, ses statues grises et sa basse multitude de pierres dressées en dolmens parmi les verdures luisantes. Nul bruit, ni chants d'oiseaux, ni grincement d'outils, rien que l'eau s'écoulant de toutes parts et, sous la toile d'un monument en construction, deux monotones voix d'ouvriers se contant les misères du travail. Les fleurs embaumaient dans cette réaction chaude que fait à l'intérieur la pluie du dehors ; et toujours, et toujours l'autre arome indémêlable. La princesse avait relevé son voile, elle défaillait, la bouche sèche comme tout à l'heure en montant l'allée. Et tous deux muets, immobiles, faisaient si bien partie du tombeau qu'un petit oiseau couleur de rouille vint en sautillant secouer ses plumes, piquer un ver entre les dalles... « C'est un rossignol, » dit Paul tout bas dans le silence oppressant et doux. Elle voulut demander : « Est-ce qu'ils chantent encore en ce mois-ci ? » Mais il l'avait prise, assise dans ses genoux au bord du lit de granit et, lui renversant la tête, il appuyait sur sa bouche entr'ouverte un lent, un profond baiser qu'elle lui rendit follement. « Parce que l'amour est plus fort que la mort, » disait le verset de la Sulamite écrit au-dessus d'eux dans le marbre du mur...

Quand la princesse rentra rue de Courcelles où Mme Astier l'attendait, elle pleura longtemps sur son épaule, passée des bras du fils dans ceux de la mère, aussi peu sûrs l'un que l'autre, avec un débord de plaintes, de paroles entrecoupées : « Ah! mon amie, que je suis malheureuse... si vous saviez... si vous saviez... » Son désespoir était grand autant que son embarras devant cette inextricable situation, formellement promise au prince d'Athis et venant de s'engager avec ce charmeur, cet envoûteur qu'elle maudissait de toute son âme. Mais le plus cruel, c'était de ne pouvoir confier sa faiblesse à l'amie tendre, car elle pensait bien qu'au premier mot d'aveu la mère se mettrait avec son fils contre Samy, pour le cœur contre la raison, la contraindrait peut-être à ce mariage de roture, à cette déchéance impossible.

« Ben quoi !... ben quoi ! disait Mme Astier sans s'émouvoir à ces explosions désolées... Vous venez du cimetière, j'imagine ; vous vous êtes encore monté la tête... Voyons, à la fin des fins, ma pauvre Artémise... » et connaissant les côtés vaniteux de cette nature, elle raillait ces démonstrations prolongées, ridicules aux yeux du monde, et pour le moins enlaidissantes. Encore s'il s'agissait d'un nouveau mariage d'amour ! mais c'était plutôt l'alliance de deux grands noms qui se préparait, de deux titres semblables... Herbert lui-même, s'il la voyait de là-haut, ne pouvait qu'être satisfait.

« C'est vrai, qu'il comprenait tout, pauvre ami !... » soupira Colette de Rosen, née Sauvadon, à qui l'ambassade tenait à cœur et, surtout, son titre de princesse.

« Tenez, ma petite, voulez-vous un bon conseil... filez, sauvez-vous... Samy partira dans huit jours,... ne l'attendez pas, prenez Lavaux, il connaît Pétersbourg, vous installera en attendant... Sans compter que vous vous épargnerez ainsi quelque scène pénible avec la duchesse. Ces Corses, vous savez, il faut s'attendre à tout.

— Oui, partir... peut-être... » Mme de Rosen y voyait surtout l'avantage d'échapper à de nouvelles obsessions, d'éloigner la chose de *là-bas*, son égarement d'une minute.

« Le tombeau ?... ajouta Mme Astier devant son hésitation... C'est le tombeau qui vous inquiète ?... Mais Paul le finira bien sans vous... Allons, ne pleurez plus, mignonne, l'arrosage vous va, mais vous moisiriez, à la fin. » Et s'en allant, dans le jour qui tombait, attendre l'omnibus du Roule, la bonne dame soupirait : « Ouf !... d'Athis ne saura jamais ce que son mariage me coûte ! » Alors le sentiment de sa fatigue, le besoin qu'elle aurait eu d'un bon repos après tant de corvées, la fit songer subitement que la plus fatigante de toutes l'attendait. La rentrée, la scène. Elle n'avait pas encore eu le temps d'y arrêter son esprit ; à présent, elle y courait, chaque tour de roue de la lourde voiture l'en rapprochait. D'avance, elle en frissonnait toute, non de peur; mais les cris, la démence, la grosse voix brutale d'Astier-Réhu, ce qu'il faudrait répondre, et la malle ! la malle qu'on allait revoir... Mon Dieu, quel ennui !... Si lasse de sa nuit, de sa journée... Oh ! pourquoi cela ne pouvait-il être pour demain ?... Et la tentation lui venait, au lieu d'avouer tout de suite : « C'est moi... » de détourner les soupçons sur quelqu'un, Teyssèdre par exemple, jusqu'au lendemain matin; au moins, elle aurait sa nuit tranquille.

« Ah ! voilà madame... Il y en a, du nouveau ! » dit Corentine accourant ouvrir, bouleversée, sa petite vérole plus ressortie que d'habitude, comme dans les grandes émotions. Mme Astier voulut gagner sa chambre, mais la porte du cabinet s'était ouverte, un impérieux : « Adélaïde ! » la força d'entrer. Léonard l'accueillit avec une figure extraordinaire qu'éclairait la lampe sous son globe. Il lui prit les deux mains, l'attira bien dans la lumière, puis d'une voix tremblante : « Loisillon est mort… » et il l'embrassa sur les deux joues.

Rien ! Il ne savait rien encore, n'était pas monté aux archives ; il marchait depuis deux heures dans son cabinet, impatient de la voir, de lui donner cette nouvelle si importante pour eux, toute leur vie changée avec ces trois mots :

« Loisillon est mort ! »

VII

Mademoiselle Germaine de Freydet

Clos-Jallanges.

Tes lettres me désolent, ma chère sœur. Tu t'ennuies, tu souffres, tu me voudrais là, mais comment faire? Rappelle-toi le conseil de mon maître : « Montrez-vous... qu'on vous voie... » Et penses-tu que c'est à Clos-Jallanges, dans mes houseaux et mon gilet de chasse, que je pourrais préparer ma candidature? Car, il n'y a pas à dire, le moment est proche, Loisillon baisse à vue d'œil, et je mets à profit les délais de cette lente agonie pour me créer, dans l'Académie, des sympathies qui deviendront des voix. Léonard Astier m'a déjà présenté à plusieurs de ces messieurs; je vais le prendre souvent après la séance, et c'est délicieux, cette sortie de l'Institut, ces hommes presque tous aussi chargés d'ans que de gloire, s'en allant bras dessus bras dessous, par groupes de trois, quatre, vifs, rayonnants, parlant haut, tenant le trottoir, les yeux encore humides des bonnes parties de rire qu'ils viennent de faire là-dedans : « Ce Pailleron, quelle verve !... Et comme Danjou lui a répondu !... » Moi je me carre au bras d'Astier-Réhu, dans le chœur des Immortels, j'ai l'air d'en être; puis les groupes s'égrènent, on se sépare à un coin de pont en se criant : « Jeudi ! ne manquez pas... » Et je reviens rue de Beaune accompagner mon maître qui m'encourage, me conseille, et, sûr du succès, me dit avec son large rire : « On a vingt ans de moins quand on sort de là ! »

Réellement, je crois que la coupole les conserve. Où trouver un vieillard aussi ingambe que Jean Réhu dont nous fêtions hier soir, chez Voisin, le quatre-vingt-dix-huitième anniversaire? Une idée de Lavaux, ce festival, et qui, si elle me coûte cinquante louis, m'a permis de compter mes hommes. Nous étions vingt-cinq à table, tous académiciens, hormis Picheral, Lavaux et moi : là-dessus dix-sept ou dix-huit voix acquises, le reste encore flottant, mais sympathique. Dîner très bien servi, très causant...

Ah! j'y pense, j'ai invité Lavaux à Clos-Jallanges pendant les vacances de la Mazarine où il est bibliothécaire. On lui donnera la grande chambre en retour devant la Faisanderie. Je ne le crois pas très bon, ce Lavaux, mais il faut l'avoir, c'est le zèbre de la duchesse. T'ai-je dit que nos mondaines appellent ainsi l'ami garçon, oisif, discret, rapide, qu'on a toujours sous la main pour les courses, les démarches délicates dont on ne peut charger un domestique? Sorte de courrier entre puissances, le zèbre, quand il est jeune, fait quelquefois de doux intérim ; mais d'ordinaire l'animal se montre sobre, facile à nourrir, se paye de menus suffrages, des places en bout de table et de l'honneur de piaffer pour la dame et pour son salon. J'imagine que Lavaux a su tirer autre chose de son emploi. Il est si adroit, si redouté malgré son air bonasse ; marmiton chef dans deux cuisines, comme il dit, l'académique et la diplomatique, il me signale les fondrières, chausse-trapes dont le chemin de l'Institut est miné et que mon maître Astier ignore encore. Pauvre grand naïf qui a fait l'ascension droit devant lui, sans se douter des dangers, les yeux vers la coupole, se fiant à sa force, à son œuvre, et qui se serait cent fois rompu le cou si sa femme, fine entre les fines, ne l'avait guidé à son insu.

C'est Lavaux qui m'a détourné de publier, d'ici la prochaine vacance de fauteuil, mes *Pensées d'un rustique*. « Non, non, m'a-t-il dit... vous avez assez fait... si même vous pouviez donner à entendre que vous ne produirez plus, que vous êtes fini, à bout, simple homme du monde... l'Académie adore cela. » A joindre au précieux avertissement de Picheral : « Ne leur portez pas vos livres. » Je vois que moins on a d'œuvres, plus on a de titres. Très influent, le Picheral; encore un que nous aurons cet été, une chambre au second, peut-être l'ancien serre-tout, tu verras. Voilà bien du tracas, ma pauvre Germaine, et dans ton état de souffrance. Mais, que veux-tu? C'est déjà si fâcheux de ne pas avoir maison à Paris pendant l'hiver, de ne pas recevoir comme Dalzon, Moser et tous mes autres concurrents. Ah! soigne-toi, guéris-toi, mon Dieu...

Pour revenir à mon dîner, on y a naturellement beaucoup parlé de l'Académie, de ses choix, de ses devoirs, du bien et du mal que le public en pense. Selon nos Immortels, tous les détracteurs de l'institution, tous, sont de pauvres hères qui n'ont pu y entrer; quant aux oublis en apparence inexplicables, chacun eut sa raison d'être. Et comme je citais timidement le nom de Balzac, notre grand compatriote, le romancier Desminières, l'ancien organisateur des charades de Compiègne, s'est emporté vivement : « Balzac! mais l'avez-vous connu? Savez-vous, monsieur, de qui vous parlez?... le désordre, la bohème !... un homme, monsieur, qui n'a jamais eu vingt francs dans sa poche... Je tiens ce détail de son ami Frédéric Lemaître... Jamais vingt francs... et vous auriez voulu que l'Académie... » Alors le vieux Jean Réhu, la main en cornet sur l'oreille, a compris qu'on parlait de jetons et nous a conté ce joli trait de son ami Suard venant à l'Académie le 21 janvier 93, le jour de la mort du roi, et profitant de l'absence de ses collègues pour rafler à lui tout seul les deux cent quarante francs de la séance.

Il narre bien, le vieux père « J'ai vu ça... » et sans sa surdité serait un brillant causeur. A quelques vers dits par moi en toast à son étonnante vieillesse, le bonhomme a répondu avec beaucoup de bienveillance en m'appelant son « cher collègue. » Mon maître Astier le reprend : « futur collègue. » Rires, bravos, et c'est ce titre de futur collègue qu'ils m'ont tous donné en me quittant, avec des poignées de mains vibrantes, significatives, des « à revoir... à bientôt... » qui faisaient allusion à ma prochaine visite. Un béjaune, ces visites académiques ; mais puisque tous y passent. Astier-Réhu me racontait en sortant du dîner Voisin que, lors de son élection, le vieux Dufaure l'avait laissé venir dix fois sans le recevoir. Eh bien ! le maître s'est entêté et, à la onzième visite, la porte s'ouvrait toute grande. Il faut vouloir. « Je fais en ce moment le métier le plus bas et le plus ennuyeux, je sollicite pour l'Académie,... » dit Mérimée dans sa correspondance, et quand des hommes de cette valeur nous ont donné l'exemple de la platitude, aurions-nous bien le droit de nous montrer plus fiers qu'eux !

En réalité, si Ripault-Babin ou Loisillon mouraient, — tous deux sont en danger, mais c'est Ripault-Babin qui m'inspire encore le plus de confiance, — mon seul concurrent sérieux serait Dalzon. Du talent, de la fortune, très bien avec les ducs, une cave excellente ; il n'a contre lui qu'un péché de jeunesse récemment découvert, *Toute Nue*, plaquette en six cents vers, publiés à Éropolis, sans nom d'auteur, et d'un raide ! On prétend qu'il a tout racheté, mis au pilon, mais qu'il circule encore quelques exemplaires signés et dédicacés. Le pauvre Dalzon proteste, se débat comme un diable, et l'Académie se réserve, jusqu'au bout de son enquête; c'est pourquoi mon bon maître, sans préciser davantage, me déclarait gravement, l'autre soir: « Je ne voterai plus pour M. Dalzon. » L'Académie est un salon, voilà ce qu'il faut comprendre avant tout. On n'y peut entrer qu'en tenue et les mains intactes. Toutefois, je suis trop galant homme et j'estime trop mon adversaire pour me servir de ces armes cachées; et Fage, le relieur de la Cour des Comptes, ce singulier petit bossu que je rencontre quelquefois dans l'atelier de Védrine, Fage, très au courant des curiosités de la bibliographie, a été rudement remis à sa place quand il m'a proposé un des exemplaires signés de *Toute Nue*. « Ce sera pour M. Moser, » a-t-il répondu sans s'émouvoir.

A propos de Védrine, ma situation devient embarrassante. Dans la ferveur de nos premières rencontres, je l'avais engagé à nous amener sa femme, ses enfants, à la campagne; mais comment concilier son séjour avec celui des Astier, des Lavaux qui l'abominent? C'est un être si rude, si original! Comprends-tu qu'il est noble, marquis de Védrine, et que même à Louis-le-Grand il cachait déjà son titre et sa particule, que tant d'autres envieraient en ce temps de démocratie où tout s'acquiert excepté cela. Son motif? Il veut être aimé pour lui-même; tâche de comprendre. En attendant, la princesse de Rosen refuse le paladin, sculpté pour le tombeau du prince et dont on parlait sans cesse dans cette maison d'artistes souvent à court. « Quand nous aurons vendu le paladin, on m'achètera un cheval mécanique... » disait l'enfant, et la pauvre mère comptait aussi sur le paladin pour remonter un peu ses armoires vides, tandis que Védrine ne voyait dans cet argent du chef-d'œuvre que trois mois de flâne, en dabbieh, sur le Nil. Eh bien! le paladin non vendu ou payé Dieu sait quand, après procès, expertise, si tu crois que cela les a désarçonnés le moins du monde... En arrivant à la Cour des Comptes, le lendemain de cette mauvaise nouvelle, j'ai trouvé mon Védrine installé devant un chevalet, heureux, ravi, jetant sur une grande toile l'étrange forêt vierge du monument incendié. Derrière lui, la femme, l'enfant extasiés, et Mme Védrine me disant tout bas, très grave, berçant sa petite fille : « Nous voilà bien heureux... M. Védrine s'est mis à l'huile... » N'est-ce pas à donner envie de rire et de pleurer ?

Chère sœur, le décousu de cette lettre t'apprend l'agitation, la fièvre de mon existence depuis que je prépare ma candidature. Je vais aux « Jours » des uns, des autres, dîners, soirées. Ne me donne-t-on pas pour zèbre à la bonne Mme Ancelin, parce que je fréquente assidument dans son salon le vendredi, et le mardi soir aux Français, dans sa loge. Zèbre bien rustique en tout cas, malgré les modifications que j'ai fait subir à mon personnage dans le sens doctrinaire et mondain. Attends-toi à des surprises pour mon retour. Lundi dernier, réception intime à l'hôtel Padovani où j'ai eu l'honneur d'être présenté au grand-duc Léopold. Son Altesse m'a complimenté sur mon dernier livre, sur tous mes livres, qu'elle connaît comme moi-même. Ces étrangers sont extraordinaires! Mais c'est avec les Astier que je me plais le mieux, dans cette patriarcale famille, si unie, si simple. L'autre jour, après déjeuner, on apporte au maître un habit neuf d'académicien, nous l'avons essayé ensemble; je dis nous, car il a voulu voir sur moi l'effet des palmes. J'ai mis l'habit, le chapeau, l'épée, une vraie épée, ma chère, qui se tire, montrant une rigole au milieu pour l'écoulement du sang; et, ma foi, je m'impressionnais moi-même. Enfin, c'est pour te montrer le degré de cette intimité précieuse.

Puis, quand je rentre au calme de ma petite cellule, s'il est trop tard pour t'écrire, je fais toujours un peu de pointage. Sur la liste complète des académiciens, je marque ceux que je sais à moi, ceux qui tiennent pour Dalzon. Je soustrais, j'additionne, c'est un divertissement exquis. Tu verras, je te montrerai. Ainsi que je te disais, Dalzon a les ducs; mais l'auteur de la *Maison d'Orléans*, admis à Chantilly, doit m'y présenter avant peu. Si je plais, — j'apprends par cœur dans ce but une certaine bataille de Rocroy, tu vois que ton frère acquiert de l'astuce, — donc si je plais, l'auteur de *Toute Nue*, à *Éropolis*, perd son plus sûr appui. Quant à mes opinions, je ne les renie pas. Républicain, oui ; mais on va trop loin. Et puis, candidat avant tout. Sitôt après ce petit voyage, je compte bien retourner près de ma Germaine que je supplie de ne pas s'énerver, de songer à la joie du grand jour. Va, ma chère sœur, nous y entrerons dans le « jardin de l'oie, » comme dit ce bohémien de Védrine, mais il faut du courage et de la patience.

Ton frère qui t'aime,

Abel de Freydet.

Je rouvre ma lettre : les journaux du matin m'apprennent la mort de Loisillon. Ces coups du destin vous émeuvent, même quand ils sont attendus et prévus. Quel deuil, quelle perte pour les lettres françaises ! Ma pauvre Germaine, voilà mon départ encore retardé. Règle les closiers. A bientôt des nouvelles.

VIII

Il était écrit que ce Loisillon aurait toutes les chances, même de mourir à temps. Huit jours plus tard, les salons fermés, Paris dispersé, la Chambre, l'Institut en vacances, quelques délégués des sociétés nombreuses dont il fut président ou secrétaire auraient suivi ses funérailles derrière les coureurs de jetons de l'Académie, rien de plus. Mais industrieux par delà la vie, il partait juste à l'heure, la veille du grand prix, choisissant une semaine toute blanche, sans crime, ni duel, ni procès célèbre, ni incident politique, où l'enterrement à fracas du secrétaire perpétuel serait l'unique distraction de Paris.

Pour midi, la messe noire; et, bien avant l'heure, un monde énorme affluait autour de Saint-Germain-des-Prés, la circulation interdite, les seules voitures d'invités ayant droit d'arriver sur la place agrandie, bordée d'un sévère cordon de sergents de ville espacés en tirailleurs. Ce qu'était Loisillon, ce qu'il avait fait dans ses soixante-dix ans de séjour parmi les hommes, la signification de cette majuscule brodée d'argent sur la haute tenture sombre, bien peu la savaient dans cette foule uniquement impressionnée par ce déploiement de police, tant d'espace laissé au mort; — toujours les distances, et du large et du vide pour exprimer le respect et la grandeur! Le bruit ayant couru qu'on verrait des actrices, des gens célèbres, de loin la badauderie parisienne mettait des noms sur des visages reconnus, se groupant et causant devant l'église.

C'est là, sous le porche drapé de noir, qu'il fallait entendre l'oraison funèbre de Loisillon, la vraie, non pas celle qui serait prononcée tout à l'heure à Montparnasse, et le vrai feuilleton sur l'œuvre et sur l'homme, bien différent des articles préparés pour les journaux du lendemain. L'œuvre : un « Voyage au Val d'Andorre » et deux rapports édités par l'Imprimerie Nationale du temps où Loisillon était surintendant des Beaux-Arts. L'homme : un type d'avoué retors, plat, piteux, le dos courtisan, un geste perpétuel de s'excuser, de demander grâce, grâce pour ses croix, pour ses palmes, son rang dans cette Académie où sa rouerie d'homme d'affaires servait d'agent de fusion entre tant d'éléments divers à aucun desquels on n'aurait pu l'assimiler, grâce pour cette extraordinaire fortune, grâce pour cet avancement à la nullité, à la bassesse frétillante. On se rappelait son mot à un dîner de corps où il s'activait autour de la table, une serviette au bras, tout glorieux : « Quel bon domestique j'aurais fait ! » Juste épitaphe pour sa tombe.

Et tandis qu'on philosophait sur le rien de cette existence, il triomphait, ce rien, jusque dans la mort. Les équipages se succédaient devant l'église, les longues lévites brunes, bleues de la valetaille couraient, s'envolaient, se courbaient, balayaient le parvis au fracas luxueux des portières et des marchepieds ; les groupes de journalistes s'écartaient respectueusement devant la duchesse Padovani, à la haute et fière démarche, Mme Ancelin fleurie dans ses crêpes de deuil, Mme Éviza, dont les yeux longs flambaient sous le voile, à faire retourner un agent des mœurs, toute la congrégation des dames de l'Académie, ses ferventes, ses dévotes, venues là, moins pour honorer la mémoire de feu Loisillon que pour contempler leurs idoles, ces Immortels fabriqués, pétris de leurs petites mains adroites, vrais ouvrages de femmes où elles avaient mis leurs forces inemployées d'orgueil, d'ambition, de ruse, de volonté. Des actrices s'y joignaient sous prétexte de je ne sais quel orphelinat dramatique présidé par le défunt, témoignant en réalité ce prodigieux besoin d'en être qui les brûle toutes. Éplorées et tragiques, on pouvait les prendre pour de proches parentes.

Tout à coup une voiture s'arrête, dépose des voiles noirs, agités, éperdus, une douleur qui fait mal à voir. L'épouse, cette fois? Non! Marguerite Oger, la belle actrice de drame, dont l'apparition soulève aux quatre coins de la place une longue rumeur, des bousculades curieuses. Un journaliste s'élance du porche au-devant d'elle, presse ses mains, la soutient, l'encourage.

« Oui, vous avez raison, je serai forte... »

Et ses larmes bues, renfoncées à coups de mouchoir, elle entre, ou plutôt fait son entrée dans la grande nef obscure que des cierges pointillent tout au fond, tombe à genoux sur un prie-Dieu, côté des dames, s'y prostre, s'y abîme, puis relevée, toute dolente, demande à une camarade près d'elle : « Qu'est-ce qu'on a fait au Vaudeville, hier?

— Quatre mille deux!... » répond l'amie du même ton de catastrophe.

Perdu dans la foule, à l'extrémité de la place, Abel de Freydet entendait autour de lui : « Marguerite !... C'est Marguerite !... Ah! elle est bien entrée... » Mais sa petite taille le gênait et il essayait vainement de se frayer un passage, quand une main lui frappa l'épaule : « Encore à Paris ?... La pauvre sœur ne doit pas être contente... » En même temps Védrine l'entraînait, et, ramant de ses coudes robustes, coupant le flot qu'il dominait de toute la tête : « La famille, messieurs !... » il amenait jusqu'aux premiers rangs le provincial enchanté de la rencontre, un peu confus tout de même, car le sculpteur parlait haut et librement, à son habitude. « Hein ! ce veinard de Loisillon... autant de monde que Béranger... voilà qui doit donner du cœur au ventre à la jeunesse... » Tout à coup, voyant Freydet se découvrir à l'apparition du cortège : « Qu'as-tu donc de changé ? Tourne-toi... Mais, malheureux, tu ressembles à Louis-Philippe !... » La moustache abattue, coiffé en toupet, sa bonne figure rougeaude et brune épanouie entre des favoris grisonnants, le poète redressait toute sa petite personne avec une raideur cérémonieuse. Et Védrine riant : « Ah ! je comprends... la tête pour les ducs, pour Chantilly !... Ça te tient toujours, alors, l'Académie ?... Mais regarde donc cette mascarade !... »

Sous le soleil, dans le large espace réservé, l'effet était abominable : derrière le corbillard, des membres du bureau, qu'une féroce gageure semblait avoir choisis parmi les plus ridicules vieillards de l'Institut et qu'enlaidissait encore le costume dessiné par David, l'habit à broderies vertes, le chapeau à la française, l'épée de gala battant des jambes difformes que David n'avait certainement pas prévues. Gazan venait le premier, le chapeau de travers sur les inégalités de son crâne, le vert végétal de l'habit accentuant encore la graisse terreuse, squameuse de son masque proboscidien. Près de lui le sinistre, long, Laniboire, ses marbrures violettes, sa bouche tordue de guignol hémiplégique, cachait ses palmes sous un pardessus trop court laissant voir un bout d'épée, les basques du frac qui, avec les pointes de son chapeau, lui donnaient l'air d'un employé des pompes funèbres, bien moins distingué certainement que l'appariteur à canne d'ébène en marche devant le bureau. D'autres suivaient, Astier-Réhu, Desminières, tous gênés, honteux, ayant conscience et s'excusant par leur humble contenance du grotesque de ces défroques acceptables sous la lumière haute, refroidie et, pour ainsi dire, historique de la coupole, mais en pleine vie, en pleine rue, faisant sourire comme une exhibition de macaques.

« Vrai ! c'est à leur jeter une poignée de noisettes, pour les voir courir à quatre pattes... » Mais Freydet n'entendait pas cette nouvelle impertinence de son compromettant compagnon. Il s'esquivait, se mêlait au cortège et pénétrait dans l'église entre deux files de soldats le fusil renversé. Au fond, la mort de Loisillon lui causait une joie vive ; il ne l'avait jamais vu ni connu, ne pouvait l'aimer à travers son œuvre, cette œuvre n'existant pas, et la seule reconnaissance qu'il lui garderait, c'était justement cette mort, ce fauteuil vacant à point pour sa candidature. Malgré tout, l'appareil funèbre dont les vieux parisiens se blasent par l'habitude, cette haie de soldats, le sac au dos, les fusils tombant sur les dalles d'un seul coup de crosse au commandement d'un sacré petit officier, très jeune, pas commode, la jugulaire au menton, dont cet enterrement devait être la première affaire, surtout la musique noire, les tambours voilés le saisirent d'un grand respect ému ; et, comme toujours quand un sentiment vif le poignait, des rimes se présentèrent. Même cela commençait très bien, une large et belle image sur l'espèce de trouble, d'angoisse nerveuse, d'éclipse intellectuelle que fait dans l'atmosphère d'un pays la disparition d'un de ses grands hommes. Mais il s'interrompit pour offrir une place à Danjou qui, venu très en retard, s'avançait au milieu de chuchotements, de regards féminins, promenant sa tête orgueilleuse et dure avec ce geste habituel qu'il a de passer la main à plat dessus, sans doute pour s'assurer que son postiche est toujours en place.

« Il ne m'a pas reconnu... » pensa Freydet, vexé de l'écrasant regard dont l'académicien repoussa dans le rang ce ciron qui se permettait de lui faire signe, « mes favoris, probablement... » et distrait de ses vers, le candidat se mit à ruminer son plan d'attaque, ses visites, la lettre officielle pour le secrétaire perpétuel. Mais, au fait, il était mort, le perpétuel... Allait-on nommer Astier-Réhu avant les vacances? Et l'élection, pour quand? Sa préoccupation descendit jusqu'aux détails, à l'habit; prendrait-il le tailleur d'Astier décidément? Et ce tailleur fournissait-il aussi le chapeau et l'épée?

« *Pie Jesu, Domine...* » une voix de théâtre, admirable, montait derrière l'autel, demandait le repos pour Loisillon que le Dieu de miséricorde semblait vouloir torturer cruellement; car l'église suppliait dans tous les tons, tous les registres, en soli et en chœur : « le repos, le repos, mon Dieu !... Qu'il dorme tranquille après tant d'agitation et d'intrigues !... » A ce chant triste, irrésistible, répondaient dans la nef les sanglots des femmes dominés par le hoquet tragique de Marguerite Oger, son terrible hoquet du « Quatre » dans *Musidora*. Tout ce deuil pénétrait le bon candidat, allait rejoindre dans son cœur d'autres deuils, d'autres tristesses ; il pensait à des parents morts, à sa sœur, une mère pour lui, condamnée par tous, et le sachant, en parlant dans toutes ses lettres. Hélas ! vivrait-elle même jusqu'au jour du triomphe ?... Des larmes l'aveuglèrent, l'obligèrent à s'essuyer les yeux.

« C'est trop... c'est trop... On ne vous croira pas... » ricanait dans son oreille la grimace du gros Lavaux. Il se retourna indigné, mais la voix du jeune officier commanda furieusement : « Portez... armes !... » et les fusils firent cliqueter leurs baïonnettes, tandis que l'orgue grondait « la marche pour la mort d'un héros. » Le défilé de la sortie commençait ; toujours le bureau en tête, Gazan, Laniboire, Desminières, son bon maître Astier-Réhu. Tous très beaux maintenant, noyant dans le mystère des hautes voûtes le vert perroquet chamarré des uniformes, ils descendaient la nef deux par deux, très lentement, comme à regret, vers ce grand carré de jour découpé au portail ouvert. Derrière, toute la compagnie, cédant le pas à son doyen, l'extraordinaire Jean Réhu grandi par une longue redingote, portant haut sa toute petite tête brune, creusée dans une noix de coco, d'un air dédaigneux et distrait signifiant qu'il avait « vu ça » un nombre incalculable de fois; et, de fait, depuis soixante ans qu'il touchait les jetons de l'Académie, il avait dû en entendre de ces psalmodies, en jeter de cette eau bénite sur des catafalques glorieux.

Mais si celui-là justifiait miraculeusement son titre d'Immortel, le groupe d'ancêtres qu'il précédait semblait en être la bouffonne et triste parodie. Décrépits, cassés en deux, déjetés comme de vieux arbres à fruits, les pieds de plomb, les jambes molles, des yeux clignotants de bêtes de nuit, ceux qu'on ne soutenait pas s'en allaient les mains tâtonnantes, et leurs noms murmurés par la foule évoquaient des œuvres mortes, oubliées depuis longtemps. A côté de ces revenants, de ces « permissionnaires du Père-Lachaise, » comme les appelait un malin de l'escorte, les autres académiciens semblaient jeunes, ils se campaient, bombaient leurs torses sous des regards extasiés de femmes les brûlant à travers les voiles noirs, l'entassement de la foule, les shakos et les sacs des militaires ahuris. Cette fois encore, le salut de Freydet à deux ou trois « futurs collègues » fut repoussé de froids et méprisants sourires comme en évoquent ces rêves où vos meilleurs amis ne vous reconnaissent plus. Mais il n'eut pas le temps de s'en attrister, pris par la bousculade à deux mouvements qui agitait l'église vers le haut et vers la sortie.

« Eh bien ! monsieur le vicomte, il va falloir nous remuer, maintenant... » Cet avis chuchoté de l'aimable Picheral au milieu de la rumeur, de l'enchevêtrement des chaises, remit le sang en route dans les veines du candidat; mais comme il passait devant le catafalque, Danjou lui tendant le goupillon murmura sans le regarder : « Surtout, ne bougez plus... laissez faire... » Il en eut les jambes fracassées. Remuez-vous !... Ne bougez plus !... Quel avis suivre et croire le meilleur ? Son maître Astier le lui dirait sans doute, et il essaya de le rejoindre dehors. Ce n'était pas chose commode avec l'encombrement du parvis pendant que se classait le cortège et qu'on hissait le cercueil, écrasé d'innombrables couronnes. Rien d'animé comme cette sortie d'enterrement dans la lumière d'un beau jour ; des saluts, des propos mondains tout à fait étrangers à la cérémonie funèbre, et sur les visages l'allègement, la revanche à prendre de cette grande heure d'immobilité traversée de chants lugubres. Les projets, les rendez-vous échangés marquaient la vie impatiente et recommençant vite après ce court arrêt, rejetaient le pauvre Loisillon bien loin dans ce passé dont il faisait partie désormais.

« Aux Français, ce soir... n'oubliez pas... le dernier mardi... » minaudait Mᵐᵉ Ancelin ; et Paul au gros Lavaux :

« Allez-vous jusqu'au bout ?

— Non. Je reconduis Mᵐᵉ Eviza.

— Alors à six heures chez Keyser ; ça semblera bon après les discours. »

Les voitures de deuil s'approchaient à la file, pendant que des coupés partaient au grand trot. Du monde se penchait à toutes les fenêtres de la place, et, vers le boulevard Saint-Germain, des gens debout sur les tramways arrêtés alignaient des têtes au-dessus des têtes, coupaient le ciel bleu de files sombres. Freydet, ébloui de soleil, son chapeau en abat-jour, regardait cette foule à perte de vue, se sentait très fier, reportant à l'Académie cette gloire posthume qu'on ne pouvait attribuer vraiment à l'auteur du *Voyage au Val d'Andorre*, et en même temps il avait le chagrin de constater que les chers « futurs collègues » le tenaient visiblement à distance, absorbés quand il s'approchait, ou se détournant, se groupant contre l'intrus, ceux-même qui, l'avant-veille, chez Voisin, l'attiraient : « Quand serez-vous des nôtres?... » Mais la plus dure de toutes fut la défection d'Astier-Réhu!

« Quel malheur, cher maître!... » vint lui dire le candidat, s'apitoyant par contenance, pour parler, sentir une sympathie. L'autre, à côté du corbillard, sans répondre feuilletait le discours qu'il prononcerait tout à l'heure. Froydet répéta : « Quel malheur !...

— Mon cher Froydet, vous êtes indécent... » prononça le maître tout haut, très brutal ; et, le temps d'un sévère coup de mâchoire, il se remit à sa lecture.

Indécent !... pourquoi ?... Le malheureux eut le geste instinctif d'assurer ses boutons, s'examina jusqu'à l'extrémité des bottes avec inquiétude, sans pouvoir s'expliquer ces paroles réprobatrices. Que se passait-il ? Qu'avait-il fait ?

Ce fut un étourdissement de quelques minutes ; il voyait vaguement le corbillard s'ébranler sous sa vacillante pyramide de fleurs, des habits verts aux quatre coins, d'autres habits verts derrière, puis toute la Compagnie, et sitôt après elle, mais cérémonieusement distancé, un groupe où lui-même se trouva mêlé, poussé, sans savoir comment. Des jeunes hommes, des vieux, tous horriblement tristes et découragés, au milieu du front la même ride profonde de l'idée fixe, aux yeux le même regard haineux et méfiant du voisin. Quand, remis de son malaise, il put mettre des noms sur ces personnages, il reconnut la figure fanée, déçue, du père Moser, l'éternel candidat; l'honnête mine de Dalzon, l'homme au livre, le retoqué des dernières élections; et de Salèles, et Guérineau. La remorque, parbleu! ceux dont l'Académie ne s'occupe plus, qu'elle laisse filer au sillage de la barque glorieuse, les ayant amorcés d'un fer solide. Tous, ils étaient tous là, les pauvres poissons noyés, les uns morts et sous l'eau, d'autres se débattant encore, roulant un regard douloureux et goulu, qui en veut, en demande, en voudra toujours. Et pendant qu'il se jurait d'éviter le même sort, Abel de Freydet suivait l'amorce, lui aussi, tirait sur l'hameçon, déjà trop bien croché pour pouvoir se reprendre.

Au loin, sur la voie déblayée à l'étendue du cortège, des roulements voilés alternaient avec des sonneries de trompettes, ameutant tout du long les passants du trottoir et les curieux des fenêtres; puis la musique reprenait à longs cris la « marche pour la mort d'un héros. »

Et devant ces grandioses honneurs, ces funérailles nationales, cette orgueilleuse révolte de l'homme humilié, vaincu par la mort mais haussant et parant sa défaite, il faisait beau songer que tout cela était pour Loisillon, secrétaire perpétuel de l'Académie française, c'est-à-dire rien, le dessous de rien.

IX

Tous les jours, entre quatre et six, plus tôt ou plus tard selon la saison, Paul Astier venait prendre sa douche à « l'hydrothérapie Keyser » en haut du faubourg Saint-Honoré. Vingt minutes de fleuret, de boxe ou de bâton, puis le jet froid, le bain de piscine, la petite station, en sortant, chez la fleuriste de la rue du Cirque pour se faire coudre un œillet à la boutonnière; et la réaction jusqu'à l'Arc-de-l'Étoile, Stenne et le phaéton suivant au ras du trottoir. Ensuite un tour aux acacias, où Paul montrait un teint clair, une peau de femme à « lever » toutes les femmes et qu'il devait à ses habitudes d'hygiène chic. Cette séance chez Keyser lui épargnait en outre la lecture des journaux, par les potins de cabine à cabine, ou sur les divans de la salle d'armes, en veste de tir, en peignoir de flanelle, même à la porte du docteur, quand on attendait son tour de douche. Des cercles, des salons, de la Chambre, de la Bourse ou du Palais, les nouvelles de la journée s'annonçaient là librement, à voix haute, dans le froissement des épées et des cannes, les appels au garçon, les grandes claques en battoir des mains sur la chair nue, le cliquetis des fauteuils à roulettes pour rhumatisants, les lourds plongeons qui s'ébrouaient dans la piscine aux voûtes sonores, et, dominant tous les bruits d'eau brisée, jaillie, la voix du bon docteur Keyser debout sur sa tribune et ce mot revenant toujours comme un refrain : « Tournez-vous. »

Ce jour-là, Paul Astier se « tournait » avec délices sous la pluie bienfaisante, y laissait la migraine et la poussière de sa corvée, et les funèbres ronrons des regrets académiques en style

Astier-Réhu : « L'airain lui mesurait ses heures... la main glacée de Loisillon... épuisé la coupe du bonheur... » O papa! ô cher maître! Il en fallait de l'eau, en pluie, en fouet, en cascade, pour nettoyer ce noir fatras. Encore ruisselant, il croisa un grand corps qui remontait de la piscine et lui faisait un bonjour grelottant de la tête, courbé en deux sous un large bonnet en caoutchouc couvrant le crâne et une partie de la figure. Cette maigreur livide, cette raide démarche contracturée, il crut à un de ces pauvres névropathes, habitués de chez Keyser, dont les muettes apparitions d'oiseaux de nuit, lorsqu'ils venaient se peser à la bascule dans la salle d'armes, faisaient un tel contraste aux rires de santé et de vigueur débordantes. Puis la courbe méprisante de ce grand nez, ces plis de dégoût tirant la bouche lui rappelèrent vaguement un visage de la société. Et dans sa cabine, pendant que le garçon baigneur lui étrillait la peau, il demanda :
« Qui donc m'a salué, Raymond?
— Mais c'est le prince d'Athis, monsieur... » fit Raymond avec la fierté du peuple à pronon-

cer ce mot de prince. « Il vient à la douche depuis quelque temps, toujours le matin... Aujourd'hui il s'est retardé, rapport à un enterrement, qu'il a dit à Joseph... »

La porte de la cabine entr'ouverte pendant ce colloque, laissait voir dans celle en face, sur le côté pair du couloir, le gros Lavaux assis, tout nu, d'un gras blafard et difforme, en train de s'attacher au-dessus du genou, avec des jarretières à boucles, de longs bas de femme ou d'ecclésiastique. « Dites donc, Paul, vous avez vu Samy qui vient se donner des forces?... » et il clignait de l'œil comiquement.

« Des forces?

— Bé oui! Il se marie dans quinze jours, savez bien; et le pauvre garçon, pour s'assurer les reins, s'est mis bravement à l'eau froide et aux pointes de feu.

— Et l'ambassade, quand?

— Mais, tout de suite. La princesse est partie devant. Ils se marieront là-bas. »

Paul Astier eut l'instinct d'un désastre : « La princesse!... Qui épouse-t-il donc?

— D'où sortez-vous?... Le bruit de Paris depuis deux jours... Colette, pardi! l'inconsolable Colette... C'est la tête de la duchesse que je voudrais voir... A Loisillon, elle s'est très bien tenue, mais sans lever son voile, sans un mot à personne... Dur à avaler, dame!... Songez donc qu'hier encore nous cherchions ensemble des étoffes pour la chambre de l'infidèle à Pétersbourg. »

Il bavardait de sa voix grasse et méchante de portière mondaine, tout en achevant de boucler ses jarretières; et pour accompagner la féroce histoire, on entendait à deux cabines plus loin, dans un sonore roulement de claques à même, le prince encourageant le garçon de douche : « Plus fort, Joseph... plus fort... N'ayez pas peur. » Ah! il en prenait, des forces, le bandit.

Paul Astier qui, aux premiers mots de Lavaux, avait franchi le couloir pour mieux entendre, fut pris d'une envie folle, enfoncer d'un coup de pied la porte du prince, sauter dessus, s'expliquer brutalement avec ce misérable qui lui enlevait la fortune des mains. Tout à coup il se vit nu, trouva sa colère inopportune et rentra s'habiller, se calmer un peu, comprenant qu'il devait avant tout causer avec sa mère, savoir exactement où en étaient les choses.

Par exception, sa boutonnière resta vide, ce soir-là, et pendant que des yeux de femmes, au mouvement désœuvré des voitures en file, cherchaient le joli jeune homme dans l'allée habituelle, il roulait vivement vers la rue de Beaune. Corentine le reçut, les bras nus, en souillon, profitant de l'absence de madame pour faire un grand savonnage.

« Où dîne ma mère, savez-vous ? »

Non. Madame ne lui avait rien dit ; mais monsieur était là-haut à fourrager dans ses papiers. Le petit escalier des archives criait sous le pas lourd de Léonard Astier :

« C'est toi, Paul ? »

Le demi-jour du couloir, le trouble où il était lui-même empêchèrent le garçon de remarquer l'extraordinaire aspect de son père et l'égarement de sa voix pour répondre au : « Comment va le maître ?... Maman n'est pas là ?...

— Non, elle dîne chez Mᵐᵉ Ancelin qui l'emmène aux Français... Dans la soirée, j'irai les rejoindre. »

Ensuite le père et le fils n'eurent plus rien à se dire ; deux étrangers en présence, des étrangers de race ennemie. Aujourd'hui, pourtant, Paul Astier dans son impatience aurait bien demandé à Léonard s'il savait quelque chose de ce mariage, mais tout de suite : « Il est trop bête, m'man n'a jamais dû en parler devant lui. » Le père, lui aussi, angoissé d'une question qu'il voulait faire, le rappela d'un air gêné :

« Écoute donc, Paul... figure-toi qu'il me manque... Je suis en train de chercher...

— De chercher?... »

Astier-Réhu hésita une seconde, regardant de tout près la charmante figure dont l'expression n'était jamais parfaitement franche à cause de la déviation du nez, puis l'accent bourru et triste :

« Non, rien... c'est inutile... tu peux t'en aller. »

Il restait à Paul Astier de rejoindre sa mère au théâtre, dans la loge Ancelin. C'était deux ou trois heures à tuer. Il renvoya sa voiture en recommandant à Stenne de venir l'habiller au cercle, puis se mit en route à tout petits pas, dans un délicat Paris crépusculaire où les arbustes en boule du parterre des Tuileries s'allumaient de couleurs vives à mesure que le ciel s'assombrissait. Une incertitude délicieuse pour les rêveurs et les combineurs d'affaires. Les voitures diminuent. Des ombres se hâtent, vous frôlent; on peut suivre son idée sans distraction. Et le jeune ambitieux songeait, lucidement, le sang-froid revenu. Il songeait comme Napoléon aux dernières heures de Waterloo : bataille gagnée tout le jour, puis le soir, la déroute. Pourquoi? Quelle faute commise? Il remettait en place les pièces de l'échiquier, cherchait sans comprendre. Une imprudence, peut-être, d'être resté deux jours sans la voir; mais n'était-ce pas l'élémentaire tactique, après l'épisode du Père-Lachaise, de laisser la femme ruminer son petit remords. Comment se douter d'une fuite aussi brusque? Subitement, cet espoir lui vint, connaissant la princesse, oisillon changeant d'idée comme de perchoir, qu'elle n'était pas encore partie, qu'il allait la trouver au milieu de ses préparatifs, désolée, incertaine, demandant au portrait d'Herbert : « Conseille-moi, » et qu'il la reprendrait d'une étreinte. Car maintenant il comprenait et suivait, dans cette petite tête, toutes les péripéties de son roman.

Il se fit conduire rue de Courcelles. Plus personne. La princesse partie en voyage le matin même, lui dit-on. Pris d'un affreux découragement, il rentra chez lui pour n'être pas obligé, au cercle, de parler et de répondre. Sa grande baraque moyen-âgeuse dressant sa façade de Tour de la faim, toute bordée d'écriteaux, acheva de lui serrer le cœur par le tas de notes en retard qu'elle lui rappelait ; puis la rentrée à tâtons dans cette odeur d'oignon frit qui remplissait tout l'hôtel, le petit domestique rageur se fabriquant, les soirs de dîner au cercle, un faubourien miroton. Un peu de jour traînait encore dans l'atelier, et Paul, jeté sur un divan, tout en se demandant quelle déveine déjouait sa prudence et ses combinaisons les plus adroites, s'endormit pour deux heures, après lesquelles il se réveilla transformé. De même que la mémoire s'aiguise au sommeil du corps, ses facultés de volonté et d'intrigue n'avaient cessé d'agir pendant ce court repos. Il y avait reconquis un plan nouveau et cette froide et ferme résolution, autrement rare chez nos jeunes français que la bravoure armée.

Prestement habillé, lesté de deux œufs et d'une tasse de thé, avec une légère tiédeur de petit fer dans la barbe et les moustaches. quand il jeta au contrôle du Théâtre-Français le nom de Mme Ancelin, le plus subtil observateur n'aurait pu soupçonner dans ce parfait mondain la moindre préoccupation, ni ce que renfermait ce joli meuble de salon, laqué noir et blanc, si bien scellé.

Le culte rendu par Mme Ancelin à la littérature officielle, avait deux temples : l'Académie française, la Comédie-Française ; mais le premier n'étant qu'irrégulièrement ouvert à la ferveur des fidèles, elle se rabattait sur l'autre dont elle suivait ponctuellement les offices, ne manquant jamais une « première », grande ou petite, ni les mardis de l'abonnement. Et ne lisant que les livres à l'estampille de l'Académie, les artistes de la Comédie étaient les seuls qu'elle écoutât ferventment, avec des expressions attendries ou frénétiques qui éclataient dès le contrôle et les deux grands bénitiers de marbre blanc que l'imagination de la bonne dame avait dressés à l'entrée de la maison de Molière, devant les statues de Rachel et de Talma.

« Est-ce tenu !... Quels huissiers !... Quel théâtre !... »

Ses petits bras écartés en gestes courts, son souffle haletant de grosse dame, remplissaient le couloir d'une expansive joie turbulente qui faisait courir dans toutes les loges : « Voilà Mme Ancelin. » Aux mardis surtout, l'indifférence de la salle très mondaine contrastait avec l'avant-scène où roucoulait, se pâmait, le corps hors la loge, ce bon gros pigeon aux yeux roses, ramageant tout haut : « Oh ! ce Coquelin... Oh ! ce

Delaunay!.. quelle jeunesse!.. quel théâtre!...» ne souffrant pas qu'on parlât d'autre chose, et, aux entr'actes, accueillant les visites par des cris d'admiration sur le génie de l'auteur académicien, les grâces de l'actrice sociétaire.

A l'entrée de Paul Astier, le rideau était levé, et connaissant les rites du culte, l'absolue défense de parler alors, de saluer, de remuer un fauteuil, il attendit immobile dans le petit salon séparé par une marche de l'avant-scène où Mme Ancelin s'extasiait entre Mme Astier et Mme Eviza, Danjou et de Freydet assis derrière elle avec des têtes de captifs. A ce claquement si particulier des fermetures de loge et que suivit un « Chut! » foudroyant pour l'intrus qui troublait l'office, la mère à demi tournée tressaillit en voyant son Paul. Que se passait-il? Qu'avait-il de si pressé, de si grave à lui dire, pour venir jusque-là, dans ce guêpier d'ennui, lui qui ne s'ennuyait jamais qu'avec un but. Sans doute encore l'argent, l'horrible argent. Heureusement elle en aurait bientôt; le mariage de Samy les ferait riches. Désireuse d'aller à lui, de le rassurer d'une bonne nouvelle qu'il ignorait peut-être, elle devait rester en place, regarder la scène, faire chorus avec la dame : « Oh ! ce Coquelin... Oh ! ce Delaunay... Oh !... Ah !... » Dur supplice pour elle, cette attente ; pour Paul aussi qui ne voyait rien que la barre éclatante et chaude de la rampe, et reflétée dans le panneau de glace du côté, une partie de la salle, fauteuils, loges et parterre, des rangées de physionomies, d'atours, de chapeaux, comme noyés dans une gaze bleuâtre, avec l'aspect décoloré, fantômatique des objets entrevus sous l'eau. A l'entr'acte, corvée des compliments :

« Et la robe de Reichemberg, av'vous vu, monsieur Paul ?... ce tablier de jais rose ?... cette quille en rubans ?... av'vous vu ?... Non, vraiment, on ne s'habille qu'ici. »

Des visites arrivaient. La mère put ravoir son fils, l'entraîner sur le divan, et là, parmi les bras, les sorties, ils parlaient bas, de tout près.

« Réponds vite et net, commença-t-il... Samy se marie ?

— Oui, la duchesse le sait depuis hier... Mais elle est venue quand même... C'est si orgueilleux, ces Corses !

— Et le nom de la rastaquouère... Peux-tu le dire maintenant ?

— Colette, voyons ! tu t'en doutais.

— Pas le moins du monde... Combien auras-tu pour ça ? »

Triomphante, elle murmura : « Deux cent mille...

— Ça me coûte vingt millions, à moi, tes intrigues !... Vingt millions et la femme... » et lui broyant les poignets rageusement, il lui jeta dans la figure : « Gaffeuse ! »

Elle en resta suffoquée, abrutie. Lui, c'était lui, cette résistance qu'elle sentait à certains jours, ce travail contre le sien ; c'était lui le « si vous saviez » de cette petite sotte. quand elle sanglotait éperdue dans ses bras. Ainsi, au bout de cette sape qu'ils menaient chacun de son côté vers le trésor, avec tant de ruse, de patient mystère, un dernier coup de pioche et les voilà tous deux face à face, sans rien. Ils ne parlaient plus, se regardant, le nez de côté, leurs yeux pareils férocement allumés dans l'ombre, pendant le va-et-vient des visites, des conversations. Et c'est une forte discipline, allez, que cette discipline du monde, pouvant refouler en ces deux êtres les cris, les trépignements, l'envie de rugir et de massacrer dont leurs âmes étaient soulevées. Mᵐᵉ Astier, la première, pensa tout haut :

« Encore si la princesse n'était pas partie. » Sa bouche se tordait de rage ; une idée à elle, ce brusque départ.

« On la fera revenir, dit Paul.

— Comment ? »

Sans répondre, il demanda : « Samy est-il dans la salle ?

— ...Je ne crois pas. Où vas-tu ? Que veux-tu faire ?

— Fiche-moi la paix, n'est-ce pas ?... ne te mêle de rien... tu n'as vraiment pas assez de veine. »

Il sortit dans un flot de visiteurs que chassait la fin de l'entr'acte, et elle reprit sa place à gauche de Mᵐᵉ Ancelin aussi exaltée, aussi adorante que tout à l'heure, en perpétuel état de grâce.

« Oh ! ce Coquelin... Mais regardez donc, ma chère. »

Ma chère était distraite, en effet, les yeux perdus, le sourire douloureux d'une danseuse sifflée, et, sous prétexte que la rampe l'aveuglait, tournée à tout instant vers la salle pour y chercher son fils. Une affaire avec le prince, peut-être, s'il est ici... Et par sa faute à elle, par sa stupide maladresse...

« Oh ! ce Delaunay... Av'vous vu ?... av'vous vu ? »

Non, elle ne voyait que la loge de la duchesse où quelqu'un venait d'entrer, la tournure élégante et jeune de son Paul ; mais c'était le petit comte Adriani au fait de la rupture comme tout Paris et se lançant déjà sur la piste. Jusqu'à la fin du spectacle la mère se rongea d'angoisse, roulant mille projets confus qui se bousculaient dans sa tête avec des choses passées, des scènes qui auraient dû l'avertir. Ah ! bête, bête... Comment ne s'être pas doutée ?...

La sortie, enfin ! mais si lente encore, des haltes à chaque pas, des saluts, des sourires, les adieux échangés... « Que faites-vous cet été ? Venez donc nous voir à Deauville... » Par l'étroit couloir où l'on se presse, où les femmes achèvent de s'empaqueter, avec ce joli geste qui assure les boutons d'oreilles, par le large escalier de marbre blanc au bas duquel attend la livrée, la mère, tout en causant, guette, écoute, cherche à surprendre dans la rumeur de la grande ruche mondaine qui se disperse pour des mois, un mot, une allusion à quelque scène de corridor. Justement voici la duchesse qui descend, fière et droite dans son long manteau blanc et or, au bras du jeune garde-noble. Elle sait quel tour infâme lui a joué son amie, et les deux femmes croisent au passage un regard froid, sans expression, plus redoutable que les plus violentes engueulades de bateau-lavoir. Elles savent maintenant comment compter l'une sur l'autre et que tous les coups porteront, frappés aux bons endroits par des mains exercées, dans cette guerre au curare succédant à une intimité de sœurs ; mais elles accomplissent la corvée mondaine, masquées d'un pareil sang-froid, et leurs deux haines, l'une puissante, l'autre venimeuse, peuvent se frôler, se coudoyer sans qu'il s'en dégage une étincelle.

En bas, dans la cohue des valets de pied et des jeunes clubmans, Léonard Astier attendait pour prendre sa femme, selon sa promesse. « Ah ! voilà le maître, » s'exclama M⁰ᵉ Ancelin, et, trempant une dernière fois ses doigts dans l'eau bénite, elle en aspergeait tout le monde, le maître Astier-Réhu, le maître Danjou, et ce Coquelin, et ce Delaunay... Oh !... Ah !... Léonard ne répondait pas, suivait, sa femme au bras, son collet brutalement relevé à cause du grand courant d'air. Il pleuvait dehors. M⁰ᵉ Ancelin proposa de les reconduire, mais sans empressement, comme font les gens à voitures craignant de fatiguer leurs chevaux, redoutant surtout la mauvaise humeur de leur cocher, lequel est uniformément le premier cocher de Paris. D'ailleurs le maître avait un fiacre; il coupa court aux affabilités de la dame qui ramageait : « Oui, oui,

on vous connaît... pour être tous deux seuls...
Ah! l'heureux ménage... » et par les galeries
tout éclaboussées d'eau, il entraîna Mme Astier.

A la fin des bals, des soirées, quand un couple mondain part en voiture, on est toujours tenté de se demander : « Maintenant que vont-ils se dire ? » Pas grand'chose, la plupart du temps ; car l'homme sort généralement assommé, courbaturé, de ces sortes de fêtes que la femme prolonge dans le noir de la voiture par des comparaisons intimes entre sa mise, sa beauté et celles qu'elle vient de regarder, ruminant des arrangements d'intérieur ou de toilette. Cependant la grimace pour le monde est tellement effrontée, l'hypocrisie de société si énorme, qu'on serait curieux d'assister à l'immédiate détente après la pose officielle, de saisir le vrai des accents, des natures, les rapports réels de ces êtres, tout à coup libérés et défublés, dans ce coupé filant à travers le Paris désert entre les reflets de ses lanternes.

Pour les Astier, ces retours étaient très significatifs. Aussitôt seule, la femme quittait la déférence et l'intérêt maintenus dans le monde pour le maître, parlait raide, prenait sa revanche de son attention à écouter des histoires cent fois entendues, qui l'hébétaient d'ennui ; lui, bienveillant de nature, toujours content de soi et des autres, revenait régulièrement enchanté, stupéfait chaque fois des horreurs que sa femme débitait sur la maison amie, les personnes rencontrées, allant tranquillement aux accusations les plus abominables avec cette légèreté, cette exagération inconsciente des propos qui est la dominante des relations parisiennes. Alors, pour ne pas l'exciter davantage, il se taisait, faisait le gros dos, volait un petit somme dans son coin. Ce soir-là, par exemple, Léonard Astier se carra, sans faire attention au « prenez donc garde à ma robe, » de cette voix aigre de la femme dont on chiffonne l'ajustement. Ah ! il s'en moquait un peu, de sa robe. « On m'a volé, madame, » fit-il, et si violemment que les vitres en tremblèrent.

Ah ! mon Dieu... les autographes !... Elle

n'y pensait plus, en ce moment surtout, brûlée plus fort d'autres inquiétudes, et son étonnement n'eut rien de joué.

Volé, oui, ses Charles-Quint, ses trois plus belles pièces... Mais déjà sa voix perdait la violente certitude de l'attaque, ses soupçons hésitaient devant la surprise d'Adélaïde. Elle pourtant s'était remise : « Qui pensez-vous ?... » Corentine lui semblait une fille sûre... à moins que Teyssèdre... Mais comment supposer que cette brute...

Teyssèdre ! Il en cria, tant la chose lui parut évidente. Sa haine l'aidant contre l'homme à la brosse, il s'expliquait le crime très bien, le suivait à la trace depuis un mot dit à table sur la valeur de ces manuscrits, ramassé par Corentine, innocemment répété... Ah ! le scélérat, avait-il bien une tête de criminel, et quelle folie de résister à ces avertissements de l'instinct. Ce n'était pas naturel, voyons, l'antipathie, la haine que lui inspirait ce frotteur, à lui, Léonard Astier, membre de l'Institut ! Son compte était bon, le babouin. On lui en ferait manger des galères. « Mes trois Charles-Quint !.. Oui dà !... » Sur-le-champ, avant de rentrer, il voulait porter plainte au commissaire. Elle essayait de le retenir : « Êtes-vous fou ?... Le commissaire après minuit !... » Mais il s'obstinait, penchait sous la pluie sa lourde carapace pour des indications au cocher. Elle fut obligée de le tirer en arrière violemment ; et lasse, excédée, sans courage pour suivre le mensonge, filer l'écoute et virer doucement, elle lâcha tout :

« Ce n'est pas Teyssèdre... C'est moi !... là !... » puis, d'une haleine, la visite à Bos, l'argent touché, vingt mille francs qu'il lui fallait à tout prix... Le silence qui suivit fut si long qu'elle crut d'abord à une syncope, à un coup de sang. Non ; mais pareil à l'enfant qui tombe ou se cogne, le pauvre Crocodilus avait ouvert démesurément la bouche pour exploser sa colère, pris une aspiration telle qu'il ne pouvait proférer aucun son. A la fin ce fut un rugissement à remplir le Carrousel, que leur fiacre traversait dans les flaques d'eau :

« Volé! Je suis volé... ma femme m'a volé

pour son fils... » et son furieux délire roulait pêle-mêle avec des jurons paysans de sa montagne : « Ah ! la garso... Ah ! li bougri... » des exclamations du répertoire, les « Justice !... Juste ciel !... Je suis perdu... » d'Harpagon pleurant sa cassette, et autres morceaux choisis tant de fois lus à ses élèves. On y voyait comme en plein jour, sur la grande place que la sortie des théâtres sillonnait en tous sens d'omnibus, de voitures, dans les hautes lumières irradiantes des réverbères électriques.

« Mais, taisez-vous donc, dit Mᵐᵉ Astier, tout le monde vous connaît.

— Excepté vous, madame ! »

Elle le crut tout près de la battre, et dans la crispation de ses nerfs, cela ne lui aurait peut-être pas déplu. Mais il s'apaisa brusquement devant la peur du scandale, jurant, pour finir, sur les cendres de sa mère morte, qu'il ferait sa malle en rentrant, filerait à Sauvagnat de la belle manière, pendant que madame s'en irait avec son scélérat, son mange-tout, jouir du fruit de leurs rapines.

Une fois encore la haute vieille caisse à gros clous passa brusquement de l'antichambre dans le cabinet. Quelques bûches y restaient encore du dernier hiver, mais cela n'arrêta pas l'Immortel, et, pendant une heure, la maison retentit du roulement des rondins de bois, de la bousculade des armoires qu'il fourrageait, entassant dans la sciure et les bouts d'écorce sèche du linge, des vêtements, des bottines, jusqu'à l'habit vert et au gilet brodé des grandes séances, délicatement enveloppés d'une serviette. Sa colère, soulagée par cet exercice, diminuait à mesure que s'emplissait la malle, et ce qu'il gardait de houle et de sourds grondements venait surtout de se sentir si faible, pris de partout, soudé, indéracinable, pendant que Mme Astier assise au bord d'un fauteuil, en déshabillé de nuit, une dentelle sur la tête, le regardait faire et murmurait dans une bâillée placide et ironique :

« Voyons, Léonard... Léonard... »

X

« ... Pour moi, les êtres comme les choses ont un sens, un endroit par où les prendre, si on veut bien les manier, les tenir solidement... Cet endroit, je le connais et c'est ma force, voilà !... Cocher, à la Tête-Noire... »

Sur l'ordre de Paul Astier, le landau découvert où Freydet, Védrine et lui dressaient leurs trois « haute-forme » d'un noir d'enterrement dans la rayonnante après-midi de campagne, vint se ranger à droite du pont de Saint-Cloud, devant l'hôtel désigné, et chaque tressaut de la solide voiture de louage sur le cailloutis de la place laissait voir un significatif et long fourreau de serge verte débordant de la capote rabattue. Pour sa rencontre avec d'Athis, Paul avait choisi comme témoins, d'abord le vicomte de Freydet, indiqué par le titre et la particule, puis le comte Adriani; mais la nonciature s'inquiétant de ce nouveau scandale après celui de la barretto, il avait dû remplacer le jeune Pepino par le sculpteur qui, peut-être au dernier moment, consentirait à s'avouer marquis sur le procès-verbal des journaux. Du reste, rien de sérieux, en apparence: une altercation au cercle, à la table de jeu où le prince était venu s'asseoir une dernière fois avant de quitter Paris. Les choses inarrangeables, surtout par la difficulté de mettre les pouces avec un gaillard comme Paul Astier, très coté dans les salles d'armes et dont les cartons s'encadraient en vitrine au tir de l'avenue d'Antin.

Pendant que la voiture stationnait à la terrasse du restaurant sous les regards entendus et discrets des garçons, on vit débouler d'une ruelle en pente un gros court, guêtres blanches, cravate blanche, chapeau de soie et grâces frétillantes de médecin de ville d'eaux, qui, de loin, faisait des signes avec son ombrelle. « Voilà Gomès... » dit Paul. Docteur Gomès, ancien interne des hôpitaux de Paris, perdu par le jeu et un vieux collage; « mon oncle » pour les filles, bas condottière, pas méchant mais prêt à tout et s'étant fait une spécialité de ces sortes d'expéditions : deux louis et le déjeuner. Pour le moment en villégiature chez Cloclo, à Ville-d'Avray, il arrivait tout essoufflé au rendez-vous, un sac de nuit à la main contenant sa trousse, sa pharmacie, des bandes, des attelles, de quoi monter une ambulance.

« Piqûre, ou blessure? fit-il assis dans le landau en face de Paul.

— Piqûre... piqûre... docteur... Des épées de l'Institut... L'Académie française contre les Sciences morales et politiques... »

Gomès sourit, calant son sac entre ses jambes :

« Je ne savais pas... j'ai pris le grand jeu!

— Faudra le déballer, ça impressionnera

l'ennemi... » prononça Védrine de son air tranquille. Le docteur cligna de l'œil, troublé par ces deux visages de témoins inconnus au boulevard et que Paul Astier, qui le traitait en domestique, ne daignait même pas lui présenter.

Comme le landau s'ébranlait, la fenêtre d'un « cabinet de société » s'ouvrit au premier étage devant un couple qui apparut curieusement : une longue fille frêle aux yeux d'un bleu de lin, en corset, les bras nus, la serviette du déjeuner cachant mal la gorge et les épaules. Près d'elle un avorton barbu, un nain de la foire dont on ne voyait que la tête pommadée surmontant à peine la barre d'appui, et le bras disproportionné jeté en tentacule autour de la taille penchée de Marie Donval l'ingénue du Gymnase. Le docteur la reconnut tout haut. « Avec qui donc est-elle? » Les autres se retournèrent; mais la fille avait disparu, laissant seule cette longue tête de bossu, comme coupée, posée au bord de la fenêtre.

« Eh! c'est le père Fage... » Védrine saluait

de la main, et, s'amusant de l'indignation de Freydet : « Quand je te disais !... les plus jolies filles de Paris...

— Quelle horreur !

— Ça vous étonne, M. de Freydet ? » Paul Astier commença un farouche éreintement de la femme... Une enfant détraquée, avec tout le pervers, tout le mauvais de l'enfant, ses instincts de tricherie, de menterie, de taquinerie, de lâcheté... Et gourmande, et vaniteuse, et curieuse ! Du bagout, mais pas une idée à elle, et, dans la discussion, pleine de trous, de tournants, de glissades, le trottoir un soir de verglas... Causer de n'importe quoi avec une femme !... Rien, ni bonté, ni pitié, ni intelligence ; pas même de sens. Trompant le mari pour l'amant qu'elle n'aime pas davantage, ayant de la maternité une peur abominable, et un seul cri d'amour qui ne mente pas : « Prends garde ! »... La voilà, la femme moderne... Par exemple, pour une forme de chapeau, pour une robe nouvelle de chez Spricht, capable de voler, prête à n'importe quelle ordure ; car, au fond, elle n'aime que ça, la toilette !... Et pour se figurer à quel point il fallait avoir accompagné, comme lui, les dames de la société, les plus chics, les plus huppées, dans les salons du grand couturier !... Intimes avec les Premières, les invitant à déjeuner à leur château, en adoration devant le vieux Spricht comme devant le Saint-Père... la marquise de Roca-Nera lui amenant ses fillettes, pour un peu lui demandant de les bénir...

« Absolument... » fit le docteur d'un automatique mouvement de salarié au cou décroché par l'approbation perpétuelle. Il y eut un silence de surprise et de gêne, comme un déséquilibre de la conversation après la brusque, violente et inexplicable sortie du jeune homme d'ordinaire si froid et maître de lui. Le soleil était lourd, reverbéré par des murs de pierre sèche bordant la route en pente raide où les chevaux montaient péniblement, faisant crier le gravier.

« Comme charité, comme pitié de femme, j'ai été témoin de ceci... » Védrine parlait, la tête renversée, bercée dans la capote, les yeux à

demi clos sur des choses que lui seul voyait...
« Pas chez le grand couturier... non !... à l'Hôtel-
Dieu, service de Bouchereau... Un cabanon
crépi tout blanc, un lit de fer défait, les couver-
tures à bas, et, là-dessus, nu, luisant de sueur
et d'écume, contracturé, tordu comme un
clown, avec des bonds, des hurlements qui remplissaient tout le Parvis, un enragé au dernier
paroxisme... Au chevet du lit, deux jeunes
femmes... chacune d'un côté... la religieuse et
une petite étudiante du cours de Bouchereau...
penchées sans dégoût et sans peur, sur ce misérable que personne n'osait approcher, lui
essuyant le front, la bouche, sa sueur de torture,
l'écume qui l'étranglait... La sœur priait tout le
temps, l'autre non ; mais dans le même élan de
leurs yeux, la tendresse pareille de ces petites
mains courageuses, allant chercher la bave du
martyr jusque sous ses dents, dans la grâce
héroïque et maternelle d'un geste qui ne se lassait pas, on les sentait bien femmes toutes
deux... la femme !... Et c'était à s'agenouiller
en sanglotant.

— Merci, Védrine... » murmura Freydet qui suffoquait, pensant à son amie de Clos-Jallanges. Le docteur ébauchait un mouvement de tête : « Oh ! absolument... » Mais la parole nerveuse et sèche de Paul Astier l'arrêta net :

« Ben oui, des infirmières, je veux bien... Infirmes elles-mêmes, elles adorent ça, soigner, panser, torcher, les draps chauds, les bassins... et puis la domination sur les souffrants, les affaiblis... » Sa voix sifflait, montait à l'aigu de celle de sa mère, tandis que son œil froid dardait une petite flamme méchante qui faisait penser aux autres : « Qu'est-ce qu'il a ?... » et suggérait au docteur cette réflexion judicieuse : « ... beau dire piqûre et glaives de l'Institut, je ne voudrais pas être dans la peau du prince.

— Maintenant, comme instinct maternel de la femme, ricana Paul Astier, nous avons, en pendant au *chromo* de notre ami, Mme Eviza qui, enceinte de huit mois, pour une parure que lui refusait son banquier de mari, se bourrait le ventre à grands coups de poings, heurtait son fœtus aux angles des meubles : « Tiens, ton enfant, sale ioutre !… tiens, ton enfant… » Et aussi comme délicatesse et fidélité de la femme, cette petite veuve qui, dans le caveau même du défunt, sur la pierre tombale…

— Mais c'est la matrone d'Éphèse que tu nous racontes là, » interrompit Védrine. La discussion s'anima, secouée au cahotement des roues, l'éternelle discussion entre hommes sur le féminin et l'amour.

« Messieurs, attention !… » dit le docteur qui, de sa place à reculons, voyait arriver deux voitures montant la côte au grand trot. Dans la première, une calèche découverte, se trouvaient les témoins du prince que Gomès, debout puis se rasseyant, nommait tout bas avec une intonation respectueuse : « marquis d'Urbin… général de Bonneuil… du Jockey… très chic !… et mon confrère Aubouis. » Un famélique dans son genre, ce docteur Aubouis, seulement décoré : alors c'était cent francs. Suivait un coupé de maître où se cachait, avec son Lavaux, d'Athis très ennuyé de toute cette affaire. Cinq minutes, les trois attelages grimpèrent à la suite en file de noce ou d'enterrement, et l'on n'entendait que le bruit des roues, le souffle ou l'ébrouement des chevaux secouant les gourmettes.

« Passez devant... nasilla une voix arrogante.
— C'est juste, dit Paul, ils vont préparer nos billets de logement... » Les roues se frôlèrent sur l'étroit chemin, les témoins échangèrent un salut, les médecins un sourire de compères. Puis le coupé passa, laissant voir derrière la glace claire, relevée malgré la chaleur, un profil morose, immobile, d'une pâleur de cadavre. « Il ne sera pas plus pâle dans une heure, quand on le ramènera, le flanc crevé... » songeait Paul; et il voyait le coup très bien, feinte de seconde et filer droit, à fond, entre les troisième et quatrième côtes.

En haut, l'air fraîchit, chargé d'aromes, fleurs de tilleuls, d'acacias, roses chauffées, et, derrière les clôtures basses des parcs, se vallonnaient de grandes pelouses où courait l'ombre moirée des arbres. Une cloche de grille sonna dans la campagne.

« Nous sommes arrivés... » dit le docteur qui connaissait l'endroit, les anciens haras du marquis d'Urbin en vente depuis deux ans, tous les chevaux partis, hormis quelques pouliches gambadant çà et là dans des prés coupés de hautes barrières.

On devait se battre tout au bas de la propriété sur un large terre-plein, devant une écurie de maçonnerie blanche; et l'on y arrivait par des allées dévalantes, mangées d'herbes et de mousses où les deux troupes marchaient ensemble, mêlées, silencieuses, d'une absolue correction. Seul, Védrine, qu'assommaient les formes mondaines, au grand désespoir de Freydet solennel dans son faux-col, s'exclamait: « Tiens! du muguet... » émondait une branche, puis saisi de l'immobile splendeur des choses devant l'agitation imbécile des hommes, ces grands bois escaladant la côte en face, ces lointains de toits massés, d'eau luisante, de brume bleue de chaleur: « Est-ce beau! est-ce calme! » faisait-il, montrant d'un geste machinal l'horizon à quelqu'un qui marchait derrière lui avec un craquement de bottes fines. Oh ! le mépris dont fut inondé l'incorrect Védrine, et le paysage avec lui, et tout le ciel; car le prince d'Athis avait cela, il méprisait comme personne. Il méprisait de l'œil, ce fameux œil dont Bismarck n'avait pu soutenir l'éclat, il méprisait de son grand nez chevalin, de sa bouche aux coins tombants, il méprisait sans savoir pourquoi, sans parler, sans écouter, sans rien lire ni comprendre, et sa fortune diplomatique, ses succès féminins et mondains étaient faits de ce mépris répandu. Au fond, une tête en grelot vide, ce Samy, un fantoche que la pitié d'une femme intelligente avait ramassé dans la boîte à vidures, les écailles d'huîtres des restaurants de nuit, qu'elle avait hissé debout et très haut, lui soufflant ce qu'il fallait dire, encore mieux ce qu'il fallait taire, suggérant ses gestes, ses démarches, jusqu'au jour où, se voyant au faîte, il repoussait d'un coup de botte l'escabeau qui ne lui servait plus. Le monde, généralement, trouvait cela très fort; mais tel n'était pas le sentiment de Védrine, et le « bas de soie rempli de boue » dit à propos de Talleyrand lui revenait à l'esprit en regardant le dépasser majestueusement ce personnage d'une si hautaine et louable correction. Évidemment, une femme d'esprit, cette duchesse, qui, pour dissimuler la nullité de son amant, l'avait fait diplomate et académicien, affublé de ces deux dominos superposés du carnaval officiel, aussi usés de trame l'un que l'autre, malgré leur prestige devant lequel la société s'incline encore; mais qu'elle eût pu l'aimer, ce vidé, ce grotesque à l'âme dure, Védrine ne se l'expliquait guère. Son titre de prince? Elle était d'aussi grande famille que lui. Le chic anglais, cette redingote sanglant ce dos de pendu, ce pantalon couleur crottin d'une si laide note entre les branches? Fallait-il donc croire ce petit forban de Paul Astier raillant le goût de la femme vers le bas, le difforme moral ou physique!...

Le prince arrivait devant la barrière à mi-corps séparant l'allée de la prairie, et, soit méfiance de ses jambes flageolantes, soit qu'il trouvât l'exercice incorrect pour un homme aussi important, il hésitait, gêné surtout par ce grand diable d'artiste qu'il sentait derrière son dos. Il se résigna enfin au détour jusqu'à l'ouverture du barrage de bois. L'autre clignait ses petits yeux : « Va, va, mon bonhomme, tu as beau prendre le plus long, il va falloir y arriver devant la maison blanche ; et qui sait si ce n'est pas là que te sera compté le juste salaire de tes grédineries ?... car tout se paie, en définitive... » L'esprit contenté par ce soliloque, sans même poser la main sur la barrière, il la franchit d'un vigoureux coup de jarret tout à fait incorrect et vint rejoindre le groupe des témoins affairés au tirage au sort des places et des épées. Malgré le gourmé, la gravité des têtes, à les voir tous penchés vers le hasard des pièces, courant les ramasser, pile ou face, on eût dit de grands écoliers en cour, ridés et grisonnants. Pendant la discussion d'un coup douteux, Védrine s'entendit appeler doucement par Astier en train de se dévêtir derrière la maisonnette et de vider ses poches, du plus parfait sang-froid : « Qu'est-ce qu'il bafouille, ce général?... Sa canne à portée de nos épées pour empêcher un malheur !... Je ne veux pas de ça, tu m'entends... pas un duel de *bleus*, ici... nous sommes deux anciens, deux de la *classe*... » Il blaguait, mais serrait les dents, l'œil féroce.

« Sérieux, alors? demanda Védrine le scrutant à fond.

— Tout ce qu'il y a de plus sérieux !

— C'est drôle que je m'en doutais. » Et le sculpteur vint faire sa déclaration au général, brigadier de cavalerie, fendu du talon jusqu'à ses oreilles faunesques qui joutaient de couleurs violentes avec celles de Freydet ; du coup, elles devinrent subitement écarlates, à croire que le sang giclait. « Convenu, m'sieu ! — Fait'ment, m'sieu ! » Les paroles cinglaient en coups de cravache. Samy, que le docteur Aubouis aidait à relever la manchette de sa chemise, les entendait-il? Fut-ce l'apparition du souple, félin et vigoureux garçon qui s'avançait, le cou, les bras ronds et découverts, le regard impitoyable? Le fait est que, venu là pour le monde et sans l'ombre d'une préoccupation, en gentleman qui n'en est pas à sa première affaire et sait ce que valent deux bons témoins, toute sa figure changea brusquement, devint terreuse, montra sous sa barbe affaissée comme un décrochement de mâchoire, l'affreuse grimace de la peur. Néanmoins il se tenait et vint assez vaillamment en garde.

« Allez, messieurs. »

Oui, tout se paie. Il en eut l'intime sensation devant cette pointe implacable qui le cherchait, le tâtait à distance, semblait ne le ménager là ou là que pour le frapper plus sûrement. On voulait le tuer... c'était sûr. Et tout en rompant, son grand bras maigre allongé, dans le fracas des coquilles, un remords lui venait pour la première fois de l'ignoble abandon de sa maîtresse, de celle qui l'avait tiré de la boue et remis au monde, le sentiment aussi que la juste colère de cette femme n'était pas étrangère au danger pressant, enveloppant, qui tout autour de lui semblait bouleverser l'atmosphère, faisait tourner et reculer dans un éclairage de rêve le ciel agrandi au-dessus de sa tête, les silhouettes effarées des témoins, des médecins, jusqu'aux gestes éperdus de deux garçons d'écurie chassant à coups de casquette les chevaux bondissants qui voulaient s'approcher et voir. Tout à coup, des voix violentes, brutales : « Assez !... assez !... Arrêtez donc... » Que s'est-il passé ? le danger est loin, le ciel a repris son immobilité, les choses leur couleur et leur place. Mais à ses pieds, sur le sol fourragé, bouleversé, s'étale un large amas de sang qui noircit la terre jaune, et, dedans, Paul Astier abattu, son cou nu percé de part en part, saigné comme un porc. Dans le silence consterné de la catastrophe, la prairie continue au loin son grêle bruit d'insectes, et les chevaux qu'on ne surveille plus, groupés à quelque distance, allongent leurs naseaux curieusement vers ce corps immobile de vaincu.

Il avait pourtant bien le sens de l'épée, celui-là. Ses doigts, solidement incrustés sur la garde, faisaient flamboyer, planer et fondre à pic, siffler et s'allonger la lame ; tandis que l'autre, en face de lui, n'agitait qu'un bègue et peureux tourne-broche. Comment cela s'est-il donc fait? Ils diront, et, ce soir, les journaux répéteront après eux, et, demain, tout Paris avec les journaux, que Paul Astier a glissé en se fendant, s'est enferré lui-même, tout cela très détaillé, très précis; mais, dans les circonstances de la vie, est-ce que la précision de nos paroles n'est pas toujours en raison inverse de nos certitudes? Même pour ceux qui regardaient, pour ceux qui se battaient, quelque chose de confus, de voilé, entourera toujours la minute décisive, celle où le destin est entré, en dehors de toute prévision, de toute logique, a porté le dernier coup, caché dans cette nuée obscure dont ne manque jamais de s'envelopper le dénouement des combats Homériques.

Porté dans un petit logement de palefrenier attenant à l'écurie, Paul Astier, en rouvrant les yeux après une longue syncope, vit d'abord, du lit de fer où il était couché, une lithographie du prince impérial à même la muraille, au-dessus de la commode chargée d'outils de chirurgie;

et le sentiment rentrant en lui par la vue des objets extérieurs, ce pauvre visage mélancolique aux yeux pâles, délavé de l'humidité des murs, cette sombre destinée de jeunesse l'attristait d'un mauvais présage. Mais à cette âme d'ambition et de ruse, l'intrépidité ne manquait pas. Dressant péniblement sa tête, avec la gêne des tours de bandes qui la comprimaient, il demanda, la voix changée, affaiblie quoique toujours railleuse : « Blessure, ou piqûre, docteur ? » Gomès en train de rouler ses gazes phéniquées lui imposa silence d'un grand geste : « Piqûre, veinard que vous êtes... mais il s'en fallait de ça... Aubouis et moi nous avons cru la carotide ouverte... » Le jeune homme reprit un peu de couleur, ses yeux étincelèrent. C'est si bon de ne pas mourir ! Tout de suite, l'ambition revenue, il voulut savoir le temps de la guérison, de la convalescence. « Trois semaines... un mois... » d'après le docteur, qui répondait négligemment, avec une nuance de dédain bien amusante, très vexé au fond, touché dans la peau de son client. Paul, les yeux au mur, combinait... D'Athis serait parti, Colette mariée, avant qu'il pût seulement se lever... Allons, l'affaire était manquée, il fallait en trouver une autre !

La porte ouverte remplit le bouge d'un grand flot de lumière. Oh ! la vie, le chaud soleil... Védrine rentrant avec Freydet s'approcha du lit, la main joyeusement tendue : « Tu nous as fait une belle peur ! » Il aimait réellement sa petite fripouille, y tenait comme à un objet d'art. « Oui, bien peur... » disait le vicomte s'essuyant le front, l'air prodigieusement soulagé. Tout à l'heure, c'était son élection, ses espérances académiques qu'il avait vues par terre, dans tout ce sang. Jamais le père Astier n'aurait voulu faire campagne pour un homme mêlé à une telle catastrophe ! Un brave cœur pourtant, ce Freydet, mais l'idée fixe de sa candidature l'aimantait comme une aiguille de boussole; secoué, remué dans tous les sens, il revenait toujours au pôle académique. Et tandis que le blessé souriait à ses amis, un peu penaud tout de même de se voir étendu sur le flanc, lui, le malin, le fort, Freydet ne cessait de s'extasier sur la correction des témoins avec qui l'on venait de s'entendre pour le procès-verbal, la correction du docteur Aubouis s'offrant à rester près de son confrère, la correction du prince parti dans la calèche et laissant à Paul Astier pour le reconduire chez lui sa voiture, très douce, à un cheval, qui pourrait venir jusqu'à la porte du petit logement. Oh ! tout à fait correct.

« Est-il embêtant avec sa correction ! » fit Védrine surprenant la grimace que Paul n'avait pu retenir.

« ... une chose vraiment bien extraordinaire... » murmura le jeune homme, d'une voix vague qui songeait. Ainsi, ce serait lui et non pas l'autre, dont la pâle figure sanglante apparaîtrait à côté du médecin derrière la vitre du coupé revenant au pas. Ah ! pour un coup raté... Il se dressa brusquement, malgré l'injonction du docteur, écrivit très vite sur une de ses cartes, d'un crayon mal guidé : « Le sort est aussi traître que les hommes. J'ai voulu vous venger... Je n'ai pas pu. Pardon... » signa, relut, réfléchit, relut encore, puis, l'enveloppe fermée, une horrible enveloppe à fleurs d'épicerie de campagne, trouvée dans la poussière de la commode, il mit dessus : « Duchesse Padovani, » et pria Freydet de la porter lui-même le plus tôt possible.

« Ce sera fait dans une heure, mon cher Paul. »

Il dit « merci... à revoir... » de la main, s'allongea, ferma les yeux, resta muet et sans bouger jusqu'au départ, écoutant autour de lui, dans la prairie ensoleillée, l'immense et grêle rumeur d'insectes qui lui semblait être le battement de la fièvre commençante, pendant que sous ses cils baissés il suivait l'entortillement de sa nouvelle intrigue, si différente de la dernière, et miraculeusement improvisée, sur le terrain, en pleine déroute.

Était-ce bien une improvisation ? L'ambitieux garçon pouvait s'y tromper ; car le mobile de nos actes nous échappe souvent, perdu, caché dans tout ce qui s'agite en nous aux heures de crise, ainsi que disparaît dans la foule le meneur qui l'a mise en branle. Un être, c'est une foule. Multiple, compliqué comme elle, il en a les élans confus, désordonnés ; mais le meneur est là, derrière ; et si emportés, si spontanés qu'ils paraissent, nos mouvements, comme ceux de la rue, ont toujours été préparés. Depuis le soir où Lavaux, sur la terrasse de l'hôtel Padovani, signalait la duchesse au jeune garde-noble, cette pensée était venue à Paul Astier que, si Mme de Rosen lui manquait, il lui resterait la belle Antonia. Il y songeait aussi l'avant-veille, aux Français, en apercevant le comte Adriani dans la loge de la duchesse, mais vaguement encore, parce que son effort était ailleurs et qu'il croyait à la possibilité de vaincre. La partie définitivement perdue, sa première idée en se reprenant à la vie fut : la duchesse ! Ainsi, presque à son insu, cette résolution improvisée était la mise au jour d'une lente et sourde germination : « J'ai voulu vous venger, je n'ai pas pu..... » Certainement, bonne, violente et vindicative comme il la connaissait, celle que ses Corses appelaient Mari' Anto, serait à son chevet le lendemain matin. A lui de s'arranger pour qu'elle ne le quittât plus.

En revenant tous deux dans le landau, qui avait pris les devants sur le coupé de Samy obligé de marcher lentement à cause du blessé, Védrine et Freydet philosophaient devant les coussins vides où reposaient les épées du duel dans leur fourreau de serge. « Elles font moins de train qu'en allant, ces fichues bêtes... » dit Védrine poussant les colichemardes du bout du pied. Freydet réfléchit tout haut : « C'est vrai qu'on s'est battu avec les siennes... » et reprenant sa tête importante et très correcte de témoin : « Nous avions tout gagné, le terrain, les épées... En plus, un tireur de premier ordre... Comme il dit, c'est une chose bien extraordinaire... »

Ils cessèrent de causer un moment, distraits par la richesse du fleuve qu'allumait le couchant, en nappes d'or vert et de pourpre. Le pont traversé, les chevaux s'engagèrent au grand trot dans la rue de Boulogne. « En somme, oui...

reprit Védrine comme si leur causerie n'avait pas été coupée d'un long silence... sous des semblants de réussite le garçon est un déveinard. Voilà plusieurs fois que je le vois aux prises avec la vie, dans de ces circonstances qui sont des pierres de touche pour juger la destinée d'un homme, qui lui font suer tout ce qu'il a de chance sous la peau. Eh bien ! il a beau ruser, combiner, penser à tout, faire sa palette d'une façon merveilleuse, au dernier moment quelque chose craque, et, sans le démolir tout à fait, l'empêche d'arriver à ce qu'il veut... Pourquoi?... Simplement, peut-être, parce qu'il a le nez de travers... Je t'assure, ces déviations-là sont presque toujours des symptômes d'un esprit faux, d'une direction pas très droite. Le mauvais coup de barre, quoi ! »

Ils s'amusaient de cette idée ; puis continuant à causer chance et malechance, Védrine racontait un fait singulier arrivé presque sous ses yeux pendant un séjour en Corse, chez les Padovani. C'était à Barbicaglia, au bord de la mer, juste en face le phare des Sanguinaires. Il y avait dans ce phare un vieux gardien, bon serviteur, à la veille de sa retraite. Une nuit, pendant qu'il était de quart, le vieux s'endort, sommeille cinq minutes, pas une de plus, arrêtant de sa jambe allongée le mouvement de la lanterne à feu tournant, qui devait changer de couleur à chaque minute. Or, à cet instant de la même nuit, l'inspecteur général faisant, sur un aviso de l'État, sa tournée annuelle, se trouve en face des Sanguinaires, s'étonne d'y voir une lumière fixe, fait stoper, surveille, constate, et le lendemain la chaloupe des ponts et chaussées amène un gardien de rechange dans l'île avec la notification de l'immédiate mise à pied du pauvre vieux. « Je crois, disait Védrine, que c'est un rare exemple de contre-veine, la conjonction dans la nuit, dans le temps et l'espace, de ce regard d'inspection et de ce court sommeil de veilleur. » Son grand geste calme montrait au-dessus de la place de la Concorde où leur voiture arrivait, un large morceau de ciel d'un vert sombre, piqué çà et là de naissantes étoiles, visibles au fond du beau jour qui mourait.

Quelques instants après le landau entrait dans la rue de Poitiers, très courte, assombrie déjà, s'arrêtait devant le haut portail écussonné de l'hôtel Padovani, toutes ses persiennes fermées, un ramage d'oiseaux dans les arbres du jardin. La duchesse était partie, en villégiature à Mousseaux pour la saison. Freydet hésitait, sa grande enveloppe à la main. Préparé à voir la belle Antonia, à faire un émouvant récit du duel, peut-être à glisser un mot de sa prochaine candidature, maintenant il ne savait plus s'il devait poser la lettre, ou s'il la porterait lui-même, dans trois ou quatre jours, quand il rentrerait à Clos-Jallanges. Finalement, il se décida à la laisser, et, remontant en voiture :

« Pauvre garçon !... Il m'avait tant dit que c'était pressé !

— Sans doute, fit Védrine pendant que le landau les emportait, par les quais qui se pointillaient de symétriques feux jaunes, vers leur rendez-vous de procès-verbal... Sans doute... Je ne sais pas ce que contient cette lettre, mais pour qu'il se soit donné la peine de l'écrire à ce moment-là... ce doit être quelque chose de très fort, de très subtil, un merveilleux tour d'adresse... Seulement, voilà... très pressé... et la duchesse est partie. »

Et tortillant gravement le bout de son nez entre deux doigts : « C'est ça, vois-tu. »

XI

Le coup d'épée dont leur fils avait failli mourir fut un dérivatif aux dissensions intimes des Astier. Secoué jusqu'au fond de ses entrailles paternelles, Léonard s'attendrit, pardonna ; et comme, pendant trois semaines, Mme Astier, installée garde-malade près de Paul, ne vint plus rue de Beaune qu'en courant, pour prendre du linge, changer de robe, on évita le danger des allusions, des reproches couverts et détournés dont s'avivent, même après le pardon et la paix faite, les querelles de la vie à deux. Puis, l'enfant rétabli, parti pour Mousseaux où l'appelait une pressante invitation de la duchesse, ce qui acheva de réconcilier le parfait ménage académique, de le rendre du moins à sa température égale de « couche froide ». ce fut son installation à l'Institut, dans l'appartement et l'emploi de feu Loisillon, dont la veuve, nommée directrice de l'école d'Écouen, avait par un prompt départ permis au nouveau Perpétuel d'emménager, presque au lendemain de son élection.

L'installation ne fut pas longue dans ce logement depuis si longtemps envié, guetté, surveillé, espéré, connu dans ses moindres détours et tous ses avantages locatifs. A voir la précision avec laquelle les meubles de la rue de Beaune prenaient leurs places, on eût dit un mobilier rentrant de la campagne et se posant, s'incrustant de lui-même aux endroits habituels, aux rainures par lui marquées sur le sol ou dans les panneaux. Nul embellissement. A peine un nettoyage à la chambre où Loisillon était mort, du papier neuf à l'ancien salon de Villemain, dont Léonard fit son cabinet de travail, afin d'avoir le silence et la lumière de la cour, et, sous la main, une petite annexe très haute, très claire, pour ses autographes déménagés en trois voyages de fiacre avec l'aide de Fage, le relieur.

C'était, chaque matin, une délectation nouvelle, ces « archives » presque aussi commodes que celles des Affaires étrangères, où il entrait sans se courber, sans grimper l'échelle de son chenil de la rue de Beaune, auquel il ne pensait plus qu'avec colère et dégoût, par ce sentiment naturel à l'homme de haïr les endroits où il a souffert, d'une rancune qui dure et ne pardonne jamais. On se réconcilie avec les êtres, sujets à changer, à présenter différents aspects, non avec les choses et leur immuabilité de pierre. Dans la joie de l'emménagement, Astier-Réhu pouvait oublier ses colères, les torts de sa femme, jusqu'à ses griefs contre Teyssèdre, autorisé à venir, le mercredi matin, comme autrefois; mais rien que de songer à la cage en soupente où on le reléguait naguère un jour par semaine, l'historien faisait grincer sa mâchoire avançante, redevenait Crocodilus.

Et conçoit-on ce Teyssèdre, que l'honneur de frotter à l'Institut, au palais Mazarin, laissait aussi froid, aussi peu impressionné, et qui continuait à bousculer la table, les papiers, les rapports innombrables du secrétaire perpétuel, avec sa même tranquille arrogance de citoyen de Riom en face d'un vulgaire « Chauvagnat. » Astier-Réhu, gêné sans l'avouer par cet écrasant dédain, essayait parfois de faire comprendre à cette brute la majesté de l'endroit où fonctionnait son pain de cire. « Teyssèdre, lui disait-il un jour, c'est ici l'ancien salon du grand Villemain... Je vous le recommande... » et en même temps, pour apaiser le fier Arverne, il signifiait lâchement à Corentine : « Donnez un verre de vin à ce brave homme... » Corentine stupéfaite apportait le verre que le frotteur but d'une goulée, appuyé sur son bâton, les yeux dilatés de joie; puis il s'essuya la bouche d'un revers de manche, et posant le verre vide où sa lèvre gourmande était marquée : « Voyez-vous, Meuchieu Achtier, un verre de vin frais, y a rien de bon que cha dans la vie... » Sa voix vibrait d'un tel accent de vérité, ses papilles d'un tel épanouissement de bien-être que le secrétaire perpétuel rentra dans ses « archives » en claquant la porte d'un mouvement d'humeur. Car, enfin, ce n'était pas la peine d'avoir tant trimé, parti de si bas pour arriver si haut, au summum de la gloire littéraire, historien de la maison d'Orléans, clef de voûte de l'Académie française, puisque rien qu'un verre de vin frais pouvait donner à un rustre l'équivalent bonheur de tout cela. Mais, un instant après, entendant le frotteur ricaner à Corentine « qu'il ch'en foutait un peu, de l'anchien chalon de Villemain, » Léonard Astier haussa les épaules, et sa velléité d'envie tomba devant tant d'ignorance, fit place à une profonde et bénigne pitié.

Pour Mme Astier, grandie, élevée à l'Institut, retrouvant des souvenirs d'enfance à chaque pavé de la cour, sur chaque marche du vénérable et poudreux escalier B, il lui semblait qu'après une absence, elle était enfin rentrée chez elle ; et combien elle savourait mieux que son mari les avantages matériels de la situation, plus de loyer à payer, ni d'éclairage, ni de chauffage, une grande économie pour les réceptions de l'hiver, sans compter les appointements augmentés, les hautes relations, les influences précieuses, surtout pour son Paul et la chasse aux commandes ! Quand Mᵐᵉ Loisillon vantait autrefois les charmes de son logement à l'Institut, elle ne manquait jamais d'ajouter avec emphase : « J'y ai reçu jusqu'à des souveraines. — Oui, dans le petit endroit... » ripostait acidement la bonne Adélaïde dressant son long cou. En effet, les jours de grandes séances, longues et fatigantes, il n'était pas rare qu'à la sortie quelque haute dame, princesse royale en tournée, mondaine influente aux ministères, montât faire à la femme du secrétaire perpétuel une courte visite intéressée. C'est à des hospitalités de ce genre que Mᵐᵉ Loisillon devait son poste actuel de directrice, et Mᵐᵉ Astier ne serait certainement pas plus maladroite qu'elle à tirer parti du « petit endroit. » Une seule chose gênait son triomphe du moment : sa brouille personnelle avec la duchesse, qui l'empêchait de rejoindre Paul à Mousseaux. Mais une invitation arrivait à point de Clos-Jallanges pour la rapprocher de son fils par le voisinage des deux châteaux, et elle espérait peu à peu rentrer en grâce auprès de la belle Antonia, pour qui elle se sentait redevenir toute tendre en la voyant si bonne avec son Paul.

Léonard, retenu à Paris par son service, la besogne de Loisillon de plusieurs mois en retard, laissa partir sa femme, promettant d'aller passer quelques jours auprès de leurs amis, bien décidé, en réalité, à ne pas s'éloigner de son cher Institut. On y était si bien, si au calme ! Deux séances par semaine pour lesquelles il n'avait que la cour à traverser, séances d'été, intimes, familières, à cinq, six « jetonniers » somnolant sous le chaud vitrage. Le reste de la semaine, liberté absolue. Le laborieux vieillard en profitait pour corriger les épreuves de son *Galilée* enfin terminé, prêt à paraître à l'entrée de la saison. Il sarclait, émondait, veillait A CE QU'IL N'Y EN EÛT PAS. A CE QU'IL N'Y EN EÛT PAS DU TOUT, préparait encore une seconde édition de sa *Maison d'Orléans*, enrichie de nouvelles pièces inédites qui en doublaient la valeur. Le monde se fait vieux ; l'histoire, — cette mémoire de l'humanité, soumise comme telle à toutes les maladies, lacunes, affaiblissements de la mémoire, — doit plus que jamais s'appuyer de textes, de pièces originales, se rafraîchir, remonter aux sources sous peine d'erreur ou de radotage. Aussi quelle fierté pour Astier-Réhu, quelle douceur, en ces brûlantes journées d'août, de relire sur les bonnes pages cette documentation si sûre, si originale, avant de les retourner à l'éditeur Petit-Séquard, avec l'en-tête où figurait pour la première fois au-dessous de son nom : « Secrétaire perpétuel de l'Académie française. » Un titre auquel ses yeux n'étaient pas encore faits et qui l'éblouissait chaque fois, comme la cour toute blanche de soleil devant ses fenêtres, l'immense seconde cour de l'Institut, recueillie, majestueuse, à peine traversée de quelques cris de moineaux et d'hirondelles, solennisée par un buste en bronze de Minerve, et ses dix bornes alignées contre le mur du fond que dominait la gigantesque cheminée d'appel de la Monnaie toute voisine.

Vers quatre heures, quand le buste commençait à allonger son ombre casquée, le pas nerveux et raide du vieux Jean Réhu sonnait sur les dalles. Il habitait au-dessus des Astier et sortait régulièrement chaque jour pour une longue promenade, protégée, mais à bonne distance, par un domestique dont il s'obstinait à refuser le bras. De plus en plus sourd et fermé, sous l'influence de l'été très chaud cette année-là, ses facultés s'affaiblissaient, surtout sa mémoire, que ne parvenaient plus à guider les épingles en rappel aux revers de sa redingote ; il embrouillait ses récits, perdu à travers ses souvenirs comme le vieux Livingstone dans les marécages de l'Afrique centrale, piétinant, pataugeant jusqu'à ce qu'on lui vînt en aide ; et comme cela l'humiliait, le mettait de noire humeur, il ne parlait plus guère à personne, soliloquait en marchant, marquant d'une halte brusque et d'un hochement de tête la fin de l'anecdote et l'inévitable : « J'ai vu ça, moi... »

D'ailleurs toujours droit, gardant comme au temps du Directoire le goût des mystifications, s'amusant à priver de vin, de viande, à soumettre aux régimes les plus variés et les plus cocasses la foule de badauds enragés de vie qui lui écrivaient journellement, pour savoir à quelle hygiène il devait son extraordinaire sursis. Et prescrivant aux uns les légumes, le lait ou le cidre, à d'autres les seuls coquillages, il ne se refusait rien, buvait sec à ses repas toujours suivis d'une sieste et, dans la soirée, d'une robuste marche de banc de quart que Léonard Astier entendait au-dessus de sa tête.

Deux mois s'étaient passés, août et septembre, depuis l'installation du secrétaire perpétuel, deux mois pleins, d'une paix heureuse et féconde, d'une halte d'ambition telle qu'il n'en avait peut-être jamais savouré de pareille dans sa longue existence. Mme Astier, encore à Clos-Jallanges, parlait d'un prochain retour, déjà le ciel de Paris s'ardoisait des premiers brouillards, quelques académiciens rentraient, les séances devenaient moins intimes, et aux heures de travail dans l'ancien salon Villemain, Léonard Astier n'avait plus besoin de fermer ses persiennes devant la soleillade ardente de la cour. Il était à sa table, une après-midi, en train d'écrire à ce bon de Freydet d'heureuses nouvelles pour sa candidature, quand l'antique sonnette fêlée de la porte retentit violemment. Corentine venait de descendre, il alla ouvrir lui-même, saisi de se trouver en face du baron Huchenard, et de Bos, l'archiviste-paléographe, qui fit irruption dans le cabinet du maître, hagard, levant les bras, râlant sous sa barbe rouge et sa chevelure en broussaille : « Les pièces sont fausses... J'ai la preuve... la preuve ! »

Astier-Réhu, un instant sans comprendre, regardait le baron qui regardait la corniche, puis lorsqu'il eut démêlé dans les aboiements du paléographe qu'on niait l'authenticité des Charles-Quint vendus par Mme Astier et cédés par Bos à Huchenard, il sourit de très haut, se déclara prêt à rembourser ses trois autographes dont rien, absolument rien, ne pouvait à ses yeux entamer l'intégrité.

« Permettez-moi, monsieur le secrétaire perpétuel, d'appeler votre attention... » le baron Huchenard en parlant déboutonnait à mesure son pardessus mastic, tirait d'une large enveloppe les trois parchemins, transformés, potassés, méconnaissables, passés de leur ton de fumée au blanc le plus absolu et laissant voir chacun cette marque, lisible et nette au milieu de la page, sous la signature de Charles-Quint,

B B.

Angoulême.
1836

« C'est le chimiste Delpech, notre savant collègue de l'Académie des Sciences... » mais ces explications n'arrivaient qu'en bourdonnement confus au pauvre Léonard, devenu subitement très pâle, exsangue jusqu'au bout de ses gros doigts velus où les trois pièces autographiques grelottaient.

« Les vingt mille francs seront chez vous ce soir, Monsieur Bos... » articula-t-il enfin avec ce qui lui restait de salive dans la bouche.

Bos réclama piteusement : « Monsieur le baron m'en avait donné vingt-deux mille.

— Vingt-deux mille, soit !... » dit Astier-Réhu qui trouvait la force de les reconduire ; mais dans l'ombre de l'antichambre il retint son collègue des Inscriptions, et, d'une voix bien humble, implorait, pour l'honneur de l'Institut, le silence sur cette malheureuse affaire.

« Volontiers, mon cher maître... mais à une condition...

— Dites, dites...

— Vous recevrez tantôt ma lettre de candidature au fauteuil Loisillon... » Une poignée de main vigoureuse fut la réponse du secrétaire perpétuel, l'engagea pour lui-même et pour ses amis.

Resté seul, le malheureux s'écroula devant la table chargée d'épreuves, où les trois fausses lettres à Rabelais gisaient tout ouvertes. Il les regardait, hébété, lisait machinalement : « *Maître Rabelais, vous qu'avez l'esprit fin et subtil...* » Les caractères dansaient, tourbillonnaient dans un délayage d'encre décomposée en larges maculatures de sulfate de fer qu'il voyait monter, s'étendre, gagner sa collection, ses dix, douze mille pièces autographiques, toutes, hélas ! de même provenance... Puisque ces trois-là étaient fausses... alors, son Galilée... alors, sa Maison d'Orléans... alors, sa lettre de Catherine, offerte au grand-duc, et celle de Rotrou dont il avait fait hommage public à l'Académie !... Alors... alors... Un horrible effort de volonté le mit debout. Fage, tout de suite voir Fage !...

Ses relations avec le relieur dataient de quelques années, d'un jour où le petit homme était venu aux archives des Affaires étrangères solliciter l'avis du très illustre et savant directeur sur une lettre de Marie de Médicis au pape Urbain VIII en faveur de Galilée. Justement Petit-Séquard, dans une série de précis d'histoire amusante, sous le titre de « divertissements scolaires, » annonçait un Galilée par Astier-Réhu de l'Académie française ; aussi, après avoir de par sa longue expérience reconnu et affirmé l'authenticité du manuscrit, quand l'archiviste apprit que Fage possédait également la réponse du pape Urbain, une lettre de remerciement de Galilée à la reine, d'autres encore, tout à coup surgissait en lui l'idée d'un beau livre d'histoire à la place de sa « petite drôlerie. » Mais en même temps, pris d'un scrupule d'honnête homme sur l'origine de ces documents, il regarda l'avorton bien en face, scruta, avec autant de minutie que pour une pièce autographique, ce long visage blafard aux paupières rougies et clignotantes, puis, dans un sévère claquement de mâchoire, interrogea : « Ces manuscrits sont-ils à vous, monsieur Fage?

— Oh! non, cher maître... » Il n'était, lui, que l'intermédiaire d'une personne... une vieille demoiselle noble, forcée de se défaire pièce à pièce d'une très riche collection, dans sa famille déjà du temps de Louis XVI. Encore n'avait-il voulu s'entremettre qu'après l'avis d'un savant illustre et intègre entre tous; maintenant, fort de l'approbation du maître, il comptait s'adresser à de riches collectionneurs, au baron Huchenard, par exemple. Astier-Réhu l'interrompit : « Inutile ! apportez-moi tout votre fonds Galilée. J'en ai le placement. » Du monde arrivait, s'installait aux petites tables, le public des archives, chercheur et fureteur, silhouettes silencieuses et blanchies de terrassiers des catacombes, sentant le moisi, le renfermé, l'exhumation. « Là-haut... dans mon cabinet... pas ici... » murmura l'archiviste contre la grande oreille du bossu qui s'éloignait, ganté, pommadé, la raie partageant le front, avec l'orgueilleuse suffisance assez fréquente chez ce genre d'infirmes.

Un trésor, cette collection Mesnil-Case, — le nom de la demoiselle livré par Albin Fage sous le plus absolu secret, — un trésor inépuisable en pièces des seizième et dix-septième siècles, variées, curieuses, éclairant le passé d'un jour nouveau, bouleversant parfois d'un mot, d'une date, les notions acquises sur les faits et les hommes. Si coûteux fussent-ils, Léonard Astier ne laissait échapper aucun de ces documents concordant presque toujours avec ses travaux en train ou en projet. Et pas l'ombre d'un doute sur les récits du petit homme, ces liasses entières d'autographes s'empoussiérant encore dans le grenier d'un vieil hôtel de Ménilmontant. Si après quelque observation venimeuse du prince des autographiles, un soupçon effleurait sa confiance, comment aurait-il tenu devant le sang-froid du relieur installé à sa table, ou bien arrosant ses salades dans la paix du grand cloître vert, surtout devant l'explication toute naturelle qu'il donnait aux lapsus et regrattages visibles sur certains feuillets, avec le coup de mer subi par le fonds Mesnil-Case lorsqu'on le fit passer en Angleterre, au temps de l'émigration? Rassuré, réconforté, Astier-Réhu retraversait la cour d'un pas alerte, emportant chaque fois quelque nouvelle acquisition contre un chèque de cinq cents, mille, même deux mille francs, selon l'importance de la pièce historique.

Au fond, quoi qu'il se dît pour endormir sa conscience, dans ces prodigalités que personne ne soupçonnait encore autour de lui, l'historien avait moins de part que le collectionneur. Pour sombre et sourde que fût la soupente de la rue de Beaune où se faisait d'ordinaire le trafic, un observateur n'aurait pu s'y tromper. Cette voix faussement indifférente, ces lèvres desséchées murmurant : « Montrez voir… », l'avide tremblement des doigts, révélaient la passion envahissante, bientôt la manie, le kyste égoïste et dur qui prend et mange tout l'être au profit de son développement monstrueux. Astier devenait l'Harpagon classique et farouche, implacable aux siens comme à lui-même, criant misère, escaladant les tramways, tandis qu'en deux ans, cent soixante mille francs de ses économies s'égrenaient furtivement dans la poche du bossu ; et pour motiver à l'attention de Mme Astier, de Corentine, de Teyssèdre, les allées et venues du petit homme, l'académicien lui donnait à relier des dossiers, emportés, rapportés visiblement. Ils se servaient entre eux d'allusions, de mots de passe. Albin Fage écrivait sur carte postale : « J'ai de nouveaux fers à vous montrer, reliure du seizième siècle en bon état, et rare. » Léonard Astier hésitait : « Merci, besoin de rien... attendons... » Nouvel avis : « Ne vous gênez pas, cher maître... Je verrai ailleurs. » A quoi l'académicien ne manquait de répondre : « Demain matin, de bonne heure... Apportez les fers... » C'était la misère de ses joies de collectionneur ; il fallait acheter, acheter toujours, sous peine de voir aller à Bos, à Huchenard, à d'autres amateurs, cette collection miraculeuse. Parfois, en pensant au jour où l'argent manquerait, pris de sombres fureurs, il interpellait l'avorton dont la face impassible et suffisante l'exaspérait : « Plus de cent soixante mille francs en deux ans !... Et vous dites qu'elle a encore besoin d'argent... quelle vie mène-t-elle donc, votre demoiselle noble ?... » A ces moments-là, il souhaitait la mort de la vieille fille, l'anéantissement du relieur, ou bien une guerre, une Commune, un grand cataclysme social qui engloutirait le fonds Mesnil-Case et ses acharnés exploiteurs.

Eh bien ! maintenant il approchait, le cataclysme, non celui qu'il eût désiré, car le sort n'a jamais bien exactement sous la main ce que nous lui demandons, mais un brusque et sinistre dénouement où pouvaient sombrer son œuvre, son nom, sa fortune, sa gloire, tout ce qu'il était, tout ce qu'il avait. Et de le voir s'en aller à grands pas vers la Cour des Comptes, livide, parlant haut, ne rendant aucun des saluts qu'il quêtait d'ordinaire jusqu'au fond des boutiques, les libraires du quai, les marchands d'estampes ne reconnaissaient plus leur Astier-Réhu. Lui ne voyait rien, personne. Il tenait imaginairement le bossu à la gorge, le secouait par sa belle cravate à épingle et, lui mettant sous le nez les Charles-Quint déshonorés par les manipulations de Delpech : « Cette fois, voyons... qu'avez-vous à répondre ? »

Arrivé rue de Lille, il poussa la porte en planches mal équarries dans la palissade qui entoure le palais, puis, le perron franchi, sonnait à la grille, sonnait encore, saisi par le lugubre aspect du monument dépouillé de ses fleurs et de ses verdures, la vraie ruine croulante et béante confondant ses ferrures tordues et ses lianes défeuillées. Un bruit de savates traîna par la cour froide. La concierge apparut, forte femme, et sans ouvrir la grille, son balai à la main : « Vous venez pour le relieur... nous n'avons plus ça chez nous... » Parti, le père Fage, déménagé sans laisser d'adresse ; même qu'elle était en train de nettoyer le logement pour celui qui le remplaçait à la Cour des Comptes, le bonhomme ayant démissionné.

Astier-Réhu, par contenance, bégaya encore quelques mots, mais un grand tourbillon d'oiseaux noirs s'abattant dans la cour couvrait sa voix de cris rauques et lugubres qui se prolongeaient sous les voûtes. « Tiens !... les corneilles de l'hôtel Padovani, dit la femme avec un geste respectueux vers les platanes en branches grises par-dessus les toits d'en face... Elles arrivent avant la duchesse, cette année... signe que nous aurons l'hiver de bonne heure !... »

Il s'éloigna, le cœur plein d'épouvante.

XII

Le lendemain de cette représentation où elle avait voulu se montrer et sourire sous son désastre, donner aux femmes de la société une suprême leçon de tenue, la duchesse Padovani était partie pour Mousseaux, selon son habitude à cette époque de l'année. Rien de changé aux apparences de sa vie. Ses invitations faites pour la saison, elle ne les décommanda pas; mais avant l'arrivée de la première série, durant cette solitude de quelques jours qu'elle employait d'ordinaire à surveiller minutieusement l'installation de ses hôtes, ce fut du matin au soir dans ce parc de Mousseaux vallonnant à perte de vue les coteaux de la Loire, une course furieuse de bête blessée, traquée, qui s'arrêtait un moment, engourdie de fatigue, puis repartait sous une poussée de douleur. « Lâche !... Lâche !... Canaille !... » Elle invectivait l'absent comme s'il était à côté d'elle, comme s'il marchait du même pas fiévreux dans ce tournoiement d'allées vertes descendant jusqu'au fleuve en longs et ombreux lacets. Et, plus duchesse ni mondaine, démasquée, humaine enfin, elle livrait tout son désespoir moins grand peut-être que sa colère, car l'orgueil criait en elle plus fort que tout, et les quelques larmes débordant ses cils ne coulaient pas, jaillissaient, grésillaient en pointes de feu. Se venger, se venger ! Elle cherchait un moyen sanglant, tantôt imaginait un de ses gardes, Bertoli ou Salviato, allant lui mettre une chevrotine dans le front le jour même du mariage... Puis, non ! Frapper soi-même, sentir la joie de la vendetta au bout de son bras... Elle enviait celles du peuple qui guettent l'homme sous une porte, lui envoient par la figure une potée de vitriol dans un vomissement de mots épouvantables... Oh! pourquoi n'en connaissait-elle pas de ces abominations qui soulagent, une ignoble injure à crier au traître et vil compagnon qu'elle voyait toujours avec le regard hésitant, le sourire faux et pénible de leur dernière rencontre. Mais même dans son patois corse de l'Ile-Rousse, la patricienne ne savait pas de ces vilenies et quand elle avait bien crié : « Lâche !... Lâche !... Canaille !... » sa belle bouche se tordait de rage impuissante.

Le soir, après son repas solitaire dans l'immense salle tendue de vieux cuirs que dorait le soleil mourant, la course de fauve recommençait. C'était dans la galerie à pic sur le fleuve, si curieusement restaurée par Paul Astier avec la dentelle ajourée de ses arcades et ses deux jolies tourelles en encorbellement. En bas, la Loire étalée comme un lac gardait du jour tombé un pâlissement d'argent fin où s'espaçaient, vers Chaumont, les saulaies, les îlots de sable du fleuve lent, à la molle atmosphère;

mais elle ne regardait pas le paysage, la pauvre Mari' Anto, quand fatiguée d'errer sur les pas de son chagrin elle s'appuyait des deux coudes à la rampe, les yeux perdus. Sa vie lui apparaissait dévastée, en détresse, et à un âge où il est difficile de la recommencer. Des voix grêles montaient de Mousseaux groupant quelques maisons basses sur la levée ; l'amarre d'un bateau grinçait dans la nuit fraîchissante. Comme c'eût été facile, rien qu'en accentuant un peu son mouvement découragé, jeté en avant... Mais que dirait le monde? A son âge, une femme de son rang, ce suicide de grisette abandonnée.

Le troisième jour, arriva le billet de Paul et, en même temps, dans les journaux, le procès-verbal circonstancié du duel. Elle en eut comme la chaleur joyeuse d'une étreinte. Quelqu'un l'aimait donc encore, qui avait voulu la venger au prix de la vie ; et cela ne signifiait pas l'amour à ses yeux, seulement une affection reconnaissante, le souvenir des services rendus à ce jeune homme et aux siens, peut-être aussi le besoin de réparer la traîtreuse attitude de la mère. Noble enfant, brave enfant ! A Paris, elle serait allée vers lui tout de suite, mais ses invités s'annonçant, elle ne put que lui écrire, envoyer son médecin.

D'heure en heure, les arrivages se succédaient, par Blois, par Onzain, Mousseaux se trouvant à égale distance des deux stations ; et le landau, la calèche, deux grands breaks déposaient au perron de la cour d'honneur où retentissaient les coups de timbres, d'illustres habitués de la rue de Poitiers, académiciens et diplomates, le comte et la comtesse de Foder, les Brétigny comte et vicomte, celui-ci secrétaire d'ambassade, M. et Mme Desminières, le philosophe Laniboire venant écrire au château son rapport sur les prix de vertu, le jeune critique de Shelley très poussé par le salon Padovani, et Danjou, le beau Danjou, tout seul, sans sa femme, invitée cependant, mais qui l'eût gêné pour les projets qu'il roulait sous les frisures d'un breton tout neuf. Aussitôt l'existence s'organisa comme aux années précédentes. Le matin, les visites ou le travail dans les chambres, les repas, la réunion, les siestes ; puis, la chaleur tombée, de grandes courses en voiture à travers bois, ou sur le fleuve dans la légère flottille amarrée au bout du parc. On lunchait dans une île, on allait en partie relever les verveux toujours garnis et frétillants, le garde-pêche ayant soin la veille de chaque expédition de les charger à pleins filets. En rentrant, la toilette pour le dîner en grand apparat, après lequel les hommes ayant fumé au billard ou dans la galerie venaient au merveilleux salon qui fut l'ancienne « salle du conseil » de Catherine de Médicis.

Des tapisseries y déployaient tout du long les amours de Didon et son désespoir devant la fuite des galères troyennes ; étrange et ironique actualité, que personne ne remarquait du reste, par cette incuriosité des formes extérieures si générale dans le monde, et qui résulte moins d'une maladresse des yeux que de la constante et exclusive préoccupation de soi, de la tenue à garder, de l'effet produit. Le contraste était pourtant saisissant des tragiques fureurs de la reine abandonnée, les bras levés, les yeux en pleurs dans l'effacement du petit point, au calme souriant dont la duchesse présidait les réunions, gardant sa souveraineté sur les femmes présentes dont elle régentait les toilettes, les lectures, se mêlant aux discussions de Laniboire avec le jeune critique, aux débats de Desminières et de Danjou sur les candidatures du fauteuil Loisillon. Vraiment, si le prince d'Athis eût pu la voir, ce traître Samy auquel ils pensaient tous et dont personne ne parlait, son orgueil aurait souffert du peu de vide laissé par son absence dans cette existence de femme, non plus qu'en cette royale maison de Mousseaux agitée et bruyante où, du haut en bas de la longue façade, trois persiennes seulement restaient closes, dans ce qu'on appelait le pavillon du prince.

« Elle prend bien ça... » disait Danjou dès le premier soir; et la petite comtesse de Foder, son bout de nez pointu tout affairé de curiosité dans un embobelinage de dentelles, la sentimentale Mme Desminières, préparée aux doléances, aux confidences, n'en revenaient pas d'un si beau courage. Au fond, elles lui en voulaient comme du « relâche » d'un spectacle dramatique très attendu ; tandis que pour les hommes, cette sérénité de l'Ariane semblait un encouragement à la succession ouverte. Et c'était le changement significatif dans la vie de la duchesse, l'attitude de tous ou de presque tous avec elle, attitude plus libre, plus pressante, une ardeur à lui plaire, un pavanement autour de son fauteuil qui visait directement la femme et non plus son influence.

C'est vrai que jamais Maria-Antonia n'avait été plus belle ; son entrée dans la salle à manger, l'éclat mat de son teint, de ses épaules en clair décolletage d'été illuminaient la table autour d'elle, même quand la marquise de Roca-Nera se trouvait là, venue de son château voisin, de l'autre rive de la Loire. La marquise était plus jeune, mais qui aurait pu s'en douter en les regardant ? Puis la belle Antonia devait au brusque départ de son amant le charme inavouable, la mystérieuse griffe du diable, cet attrait de la place chaude auquel tant d'hommes se laissent prendre. Le philosophe Laniboire, rapporteur des prix de vertu, le subissait violemment, ce mystérieux et vilain attrait ; veuf, d'âge mûr, la joue violacée, les traits mélancoliques, il essayait de subjuguer la châtelaine par un déploiement de grâces viriles et sportiques qui lui valaient quelques mésaventures. Un jour, en bateau, voulant manier la godille à grand renflement de biceps, il tombait dans la Loire ; une autre fois, qu'il caracolait à la portière du landau, sa bête le serrait si durement contre la roue, qu'on était obligé de le garder et cataplasmer à la chambre plusieurs jours. Mais c'est au salon qu'il faisait beau le voir « danser devant l'arche, » selon le mot de Danjou, ployer, dérouler son grand corps, appeler en combat singulier de dialectique le jeune critique, pessimiste farouche âgé de vingt-trois ans, que le vieux philosophe écrasait de son optimisme imperturbable. Il avait ses raisons pour trouver la vie bonne, et même excellente, le philosophe Laniboire, dont la femme était morte d'une angine gagnée au chevet de ses enfants, emportés tous les deux avec la mère; et toujours, dans son dithyrambe en faveur de l'existence, le bonhomme terminait l'exposé de ses doctrines par une sorte de démonstration au tableau, un geste adulateur vers le corsage en demi-peau de la duchesse : « Trouvez-donc la vie mauvaise devant ces épaules-là! »

Le jeune critique, lui, faisait sa cour d'une façon plus subtile, pas mal scélérate même. Grand admirateur du prince d'Athis, encore à l'âge ingénu qui traduit admiration par imitation, il copiait dès son entrée dans le monde les attitudes, la démarche, jusqu'aux airs de tête de Samy, son dos en voûte, son sourire vague et fermé de méprisants silences; maintenant, il accentuait cette ressemblance de détails de toilette, guettés, ramassés enfantinement, depuis la manière d'épingler la cravate dans l'évasement du col jusqu'au carrelé fauve d'un pantalon de coupe anglaise. Trop de cheveux, malheureusement, et pas un poil de barbe, d'où ses efforts perdus et l'absence de tout revenez-y troublant chez l'ancienne maîtresse du prince, aussi indifférente à son carrelage anglais qu'aux mourantes œillades de Brétigny le fils ou aux pressions vigoureuses de Brétigny le père, quand il lui prenait le bras pour aller à table. Seulement cela entretenait autour d'elle cette atmosphère tiède, empressée et galante, à laquelle d'Athis l'avait longtemps habituée, jouant jusqu'à la courbature son personnage d'attentif; et l'orgueil de la femme sentait moins la déchéance de l'abandon.

Parmi tous ces prétendants, Danjou gardait une attitude à l'écart, amusant la duchesse de ses potins de coulisses, la faisant rire, ce qui, avec certaines, réussit quelquefois très bien. Puis, quand il jugea la femme suffisamment préparée, un matin qu'elle commençait en compagnie de ses chiens sa promenade solitaire à travers le parc, cette course violente où elle secouait sa colère dans les taillis pleins de réveils d'oiseaux, la trempait, l'apaisait dans la mouillure des pelouses et l'égouttement des branches, brusquement, à un tournant d'allée, il se montra et tenta le coup. En complet de laine blanche, le pantalon dans la botte, béret basque, la barbe faite, il cherchait le dénouement d'une pièce en trois actes que les Français lui demandaient pour l'hiver; titre : *Les Apparences*, sujet mondain, très dur. Tout écrit, excepté sa dernière scène.

« Eh bien! cherchons ensemble... » dit-elle gaîment en claquant la longue lanière à manche court et sifflet d'argent dont elle se servait pour rallier sa meute. Mais dès les premiers pas, il parla d'amour, de la tristesse qu'il y aurait pour elle à vivre seule, s'offrit enfin carrément, cyniquement, à la Danjou. La duchesse, redressée d'un fier et vif mouvement de tête, serrait le manche du petit fouet à chiens, prête à cingler l'insolent qui osait la traiter comme une marcheuse derrière un portant d'opéra. Mais l'outrage à sa dignité était un hommage à sa beauté sur le retour, et dans la rougeur subite de ses joues montait autant de plaisir que d'indignation. Lui, pourtant, continuait, la pressait, tâchait de l'éblouir de ses mots à facettes, affectant de traiter la chose moins en affaire de cœur qu'en alliance d'intérêts, en association cérébrale. Un homme comme lui!... une femme comme elle!... A eux deux, ils tiendraient le monde.

« Merci bien, mon cher Danjou, ces beaux raisonnements, je les connais. J'en pleure encore... » et d'un geste hautain, sans réplique, qui montrait à l'auteur l'ombreuse allée à suivre : « Cherchez votre dénouement, moi, je rentre... » Il restait sur place, déconcerté, la regardant partir de sa belle démarche à jambes longues, si tentante.

« Pas même comme zèbre?... » demanda-t-il plaintivement.

Elle se retourna, ses noirs sourcils rejoints : « Ah! oui, c'est vrai... Le poste est vacant... » Elle songeait à ce Lavaux, à ce bas subalterne à qui elle avait fait tant de bien... Et sans rire, d'une voix lasse : « Comme zèbre, si vous voulez... » Puis elle disparut derrière un bosquet de roses jaunes, superbes, trop épanouies, dont le premier souffle un peu vif allait éparpiller les grappes.

C'était déjà bien beau qu'elle l'eût écouté jusqu'au bout, la fière Mari' Anto! Jamais probablement aucun homme, pas même son prince, ne lui avait parlé sur ce ton. Plein d'espoir et d'entrain, secoué par les belles tirades qu'il venait d'improviser, l'auteur dramatique ne fut pas long à trouver sa dernière scène. Il remontait pour l'écrire avant le déjeuner, quand il s'arrêta, saisi de voir entre les branches les fenêtres du prince large ouvertes au soleil. Pour qui? A quel favorisé faisait-on l'honneur de cette installation somptueuse et si commode, avec ses ouvertures sur la Loire et sur le parc? Il s'informa, se rassura. C'était pour l'architecte de madame la duchesse, venu en convalescence au château. Étant connus les liens d'intimité qui unissaient les Astier et la châtelaine, quoi de plus naturel que Paul fût reçu comme l'enfant de la maison dans ce Mousseaux, un peu son œuvre. Pourtant, quand le nouvel hôte vint s'asseoir au déjeuner, sa jolie figure affinée que le blanc d'un fichu de Chine pâlissait encore, son duel, sa blessure, l'idée romanesque autour de ces choses, parut faire une si vive impression sur les femmes, la duchesse elle-même le favorisait de tant de soins, d'égards affectueux, que le beau Danjou, un de ces terribles absorbeurs à qui tout succès rival semble un dommage et presque un vol, sentit comme une morsure jalouse. Les yeux dans son assiette, profitant de sa place d'honneur, il commença à voix basse un démolissage du joli jeune homme si malheureusement déparé par le nez de sa mère; il raillait son duel, sa blessure, ces réputations de salles d'armes qu'une piqûre dégonfle à la première rencontre. Il ajouta, ne croyant pas si bien dire : « Une frime, vous savez, leur querelle de jeu... C'est pour une femme...

— Le duel... vous croyez? »

Il fit signe de la tête: « J'en suis sûr! » et, ravi de sa prodigieuse astuce, s'occupa de la table qu'il éblouit de mots, d'anecdotes dont il arrivait toujours pourvu comme d'un petit feu d'artifice de poche. A ce jeu, Paul Astier n'était pas de force; et la sympathie féminine revint vite à l'illustre causeur, surtout quand il eut annoncé que son dénouement étant trouvé, sa pièce finie, il la lirait au salon pendant les heures de chaleur. Il n'y eut qu'un cri de toutes ces dames pour acclamer cette diversion rare à la monotonie des journées ; et quelle aubaine pour ces privilégiées, déjà si fières de leurs lettres datées de Mousseaux, d'envoyer à toutes les bonnes amies absentes le compte rendu d'une pièce inédite de Danjou, lue par Danjou lui-même, puis de pouvoir dire cet hiver, au moment des répétitions : « La pièce de Danjou ! je la connais, il nous l'a lue au château. »

Comme on quittait la table dans l'effervescence de cette bonne nouvelle, la duchesse s'approcha de Paul Astier et, lui prenant le bras avec sa grâce un peu despotique : « Un tour de galerie... on étouffe... ». L'air était lourd, même à ces hauteurs où la Loire, comme étamée, envoyait une buée de cuve chaude, épandue et noyant le désordre vert de ses rives et de ses îlots à demi-submergés. Elle entraîna le jeune homme tout au bout de la dernière arcade, loin des fumeurs, et lui pressant les mains : « Ainsi c'est moi... c'est pour moi...

— Pour vous, duchesse... »

Et il ajouta, la lèvre mince : « Ce n'est pas fini... nous recommencerons...

— Voulez-vous bien vous taire, malheureux enfant. »

Elle s'interrompit à l'approche d'un pas rôdeur et curieux : « Danjou !

— Duchesse ?...

— Mon éventail que j'ai laissé à ma place dans la salle... voulez-vous ?... serez gentil... » et quand il fut loin : « Je vous défends, Paul... d'abord, on ne se bat pas avec un pareil misérable... Ah ! si nous étions seuls... si je pouvais vous dire... » Il y avait dans l'énervement de sa voix et de ses mains un transport dont Paul Astier s'étonna. Au bout d'un mois, il espérait la trouver plus résignée. Ce fut une déception, qui lui coupa un irrésistible : « Je vous aime... Je vous ai toujours aimée... » préparé pour les premières explications de l'arrivée. Il se contentait de lui raconter le duel dont elle semblait très curieuse, quand l'académicien rapporta l'éventail. « Bon zèbre, Danjou... » dit-elle en remerciement. L'autre eut un petit tournement de bouche, et sur le même ton, à mi-voix : « Oui... mais promesse d'avancement... sans quoi...

— Des exigences, déjà ! » Elle le corrigeait d'un léger coup d'éventail, et, le voulant de bonne humeur pour sa lecture, revint à son bras dans le salon où le manuscrit s'étalait à même une coquette table à jeu dans le jour direct d'une haute fenêtre, entr'ouverte sur les verdures fleuries, les grandes masses boisées du parc.

« *Les Apparences... pièce en trois actes... personnages...* »

Toutes les femmes en cercle, le plus près possible, eurent ce joli pelotonnement frileux, ce frisson que leur donne l'attente du plaisir. Danjou lisait en vrai cabotin de Picheral, prenait des temps pour s'humecter les lèvres au bord de son verre d'eau, les essuyait d'un léger mouchoir de batiste, et, chaque page finie, haute et large, brouillée de sa toute petite écriture, il la laissait tomber négligemment à ses pieds sur le tapis. Chaque fois, Mme de Foder, l'étrangère pour hommes célèbres, se penchait sans bruit, ramassait la feuille tombée, la posait avec vénération sur un fauteuil à côté d'elle, bien dans le sens. Discret et délicieux manège qui la rapprochait du maître, la mêlait à son œuvre, comme si Lizt ou Rubinstein était au piano et qu'elle tournât les feuillets de la partition. Tout alla bien jusqu'à la fin du premier acte, amusante et chatoyante exposition qu'accueillait un délire de petits cris, de rires extasiés, de bravos enthousiastes ; puis, après un grand silence dans lequel on entendait aux profondeurs du parc la rumeur bourdonnante et vibrante des moucherons en haut des arbres, le lecteur reprit en s'essuyant la moustache :

« *Acte II... la scène représente...* » mais sa voix s'altérait, s'étranglait de réplique en réplique. Il venait d'apercevoir un fauteuil vide, au premier rang, parmi les dames, justement le fauteuil d'Antonia, et son œil cherchait par-dessus le lorgnon dans l'immense salon rempli d'arbustes verts, de paravents où les auditeurs s'abritaient pour mieux écouter ou mieux dormir... Enfin dans un de ces temps fréquents et méthodiques que son verre d'eau lui ménageait, un chuchotement, la lueur d'une robe claire, et tout au fond, sur un divan, la duchesse lui apparut, à côté de Paul Astier, continuant la conversation interrompue dans la galerie. Pour un enfant gâté de tous les succès comme Danjou, l'outrage était sensible. Il eut pourtant le courage de continuer son acte, jetant avec fureur sur le tapis les pages qui volaient, forçaient la petite de Foder à les rattraper à quatre pattes. A la fin, comme les chuchotements ne se taisaient pas, il cessa de lire, s'excusant sur un enrouement subit qui l'obligeait à remettre au lendemain. Et toute à ce duel dont elle ne se lassait pas, la duchesse, croyant la pièce finie, criait de loin avec un vif mouvement de ses petites mains : « Bravo, Danjou... très joli, le dénouement ! »

Le soir, le grand homme eut ou prétexta une crise de foie, et quitta Mousseaux à l'aurore, sans revoir personne. Fut-ce un simple dépit d'autour? Croyait-il réellement que le jeune Astier allait remplacer le prince? En tout cas, huit jours après son départ, Paul en était encore à glisser une parole tendre. On se montrait avec lui tout en égards, en attentions presque maternelles, on s'informait de sa santé, s'il ne faisait pas trop chaud dans la tourelle exposée au midi, si le mouvement du landau ne le fatiguait pas, ou encore si ce n'était pas rester trop tard sur la rivière; mais dès qu'il essayait un mot d'amour, on s'échappait vite sans comprendre. Il y avait loin, cependant, de la fière Antonia des précédentes saisons à celle qu'il retrouvait. L'autre, hautaine et calme, remettant les indiscrets à leur rang, rien que d'un froncement de sourcils. La sécurité d'un beau fleuve entre ses digues. Maintenant, la digue craquait, laissait deviner une fêlure par où débordait la vraie nature de la femme. Il lui passait des bouffées de révolte contre les usages, les conventions sociales autrefois si bien respectées par elle, et des besoins de changer de place, de s'éreinter en courses extravagantes. Des projets de fêtes, d'illuminations, de grandes chasses à courre pour l'automne, qu'elle-même conduirait, qui depuis des années n'était plus montée à cheval. Attentif, le beau jeune homme guettait les écarts de cette agitation, surveillait tout de son œil aigu d'émouchet, bien décidé par exemple à ne pas lanterner deux ans comme avec Colette de Rosen.

On s'était séparé de bonne heure, ce soir-là, après une fatigante journée de voiture et d'excursion. Paul remonté chez lui, défublé de l'habit, du plastron, en chemise de soie, ses pantoufles, un bon cigare, écrivait à sa mère, cherchant et pesant tous ses mots. Il fallait persuader à m'man, en villégiature à Clos-Jallanges, et se brûlant les yeux à chercher sur l'horizon, par delà les tournants du fleuve, les quatre tourelles de Mousseaux, qu'il n'y avait pas de réconciliation, même d'entrevue possible pour le moment entre elle et son amie... Merci bien ! trop gaffeuse, la bonne femme ; il l'aimait mieux loin de ses affaires personnelles... Lui rappeler aussi la traite fin courant et sa promesse d'envoyer les fonds au brave petit Stenne resté seul rue Fortuny pour défendre l'immeuble Louis XII. Si l'argent de Samy manquait encore, emprunter aux Freydet qui ne refuseraient pas cette avance de quelques jours, puisque le matin même les journaux de Paris, dans leur correspondance étrangère, annonçaient le mariage de notre ambassadeur à Pétersbourg, mentionnant la présence du grand-duc, les toilettes de la mariée, le nom de l'évêque polonais qui avait béni les deux époux. Et m'man pouvait se figurer si à Mousseaux le déjeuner s'était ressenti de cette nouvelle que chacun connaissait, que la maîtresse du logis lisait dans tous les yeux et dans l'affectation de ses invités à parler d'autre chose. Silencieuse tout le repas, la pauvre duchesse, en sortant de table et malgré l'horrible chaleur, avait éprouvé le besoin de se secouer et d'emmener tout son monde en trois voitures au château de la Poissonnière où naquit le poète Ronsard; six lieues de route au soleil, dans la poussière blanche et craquante, pour la joie d'entendre l'affreux Laniboire, hissé sur un vieux socle effrité comme lui, débiter : « Mignonne, allons voir si la rose... » Au retour, visite à l'orphelinat agricole fondé par le vieux Padovani, — M'man devait connaître sans doute, — inspection du dortoir, de la buanderie, des instruments aratoires, des cahiers de classes ; et ça empoisonnait, et il faisait chaud, et Laniboire haranguait les jeunes agriculteurs à pauvres têtes de forçats, leur affirmant que la vie était excellente. Pour finir, encore une halte exténuante à des hauts-fourneaux près d'Onzain, une heure au chaud soleil déclinant, dans la fumée et l'odeur du charbon vomies par trois énormes tours briquetées, à buter sur des rails, à éviter les vagonnets et les pelles chargées de fonte incandescente, en blocs énormes gouttant du feu comme des quartiers de glace vermeille en train de fondre. Pendant ce temps, la duchesse entraînée, infatigable, ne regardait rien, n'écoutait rien, marchant au bras de Brétigny le père avec qui elle semblait discuter violemment, aussi étrangère aux forges et hauts-fourneaux qu'au poète Ronsard ou à l'orphelinat agricole...

Paul en était là de sa lettre, s'appliquant surtout, pour diminuer les regrets de sa mère, à une peinture férocement ennuyeuse de la vie à Mousseaux cette année, quand un léger coup toqua sa porte. Il pensa au jeune critique, au fils Brétigny, même à Laniboire très agité depuis quelque temps, qui prolongeaient souvent la soirée dans sa chambre, la plus vaste, la plus commode, annexée d'un coquet fumoir, et fut très étonné, ayant ouvert, de voir la longue galerie du premier étage, dans l'irisement de ses vitraux, silencieuse et vide jusqu'au fond, jusqu'à la massive porte de la salle des gardes dont un rayon de lune découpait les sculptures. Il retournait s'asseoir, mais on frappa encore. Cela venait du fumoir qu'une petite porte sous tenture, par un étroit couloir dans l'épaisseur de la tour, mettait en communication avec les appartements de la duchesse. Cet aménagement bien antérieur à la restauration de Mousseaux, lui était inconnu; et, tout de suite, se rappelant certaines conversations entre hommes, ces derniers jours, surtout les histoires terriblement salées du père Laniboire : « Bigre ! si elle nous a entendus... » se dit le joli gouailleur. Le verrou tiré, la duchesse passa devant lui sans un mot, et posant sur la table où il écrivait une liasse de papiers jaunis que froissait nerveusement sa main fine :

« Conseillez-moi, dit-elle, la voix grave... vous êtes mon ami... Je n'ai confiance qu'en vous... »

Qu'en lui, malheureuse femme. Et ce regard de proie, sournois, guetteur, ne l'avertissait pas, allant de la lettre imprudemment restée ouverte sur la table et qu'elle aurait pu lire, à ses beaux bras découverts sous le grand peignoir de dentelle, à ses lourdes nattes tordues pour la nuit. Il pensait : « Que veut-elle ? Qu'est-ce qu'elle vient chercher ? » Et elle, toute à sa colère, à ce remous furieux de rancune qui l'étouffait depuis le matin, haletait très bas, en phrases courtes : « Quelques jours avant votre arrivée, il m'a envoyé Lavaux... oui, il a osé... pour me démander ses lettres... Ah! je l'ai reçu, la face plate, à lui ôter le goût de revenir... Ses lettres, allons donc!... c'est ceci qu'il voulait. »

Elle lui tendait la liasse, histoire et dossier de leur amour, la preuve de ce que cet homme lui coûtait, de ce qu'elle avait payé pour lui en le tirant de la boue. « Oh! prenez, regardez... c'est curieux, allez. » Et pendant qu'il feuilletait ces paperasses bizarres, imprégnées de son odeur à elle, mais plutôt dignes de la devanture de Bos, des factures hypothétiques de marchands de curiosités, bijoutiers en chambre, lingères, constructeurs de yachts, courtiers en vins de Touraine champanisés, des traites de cent mille francs à des filles fameuses, mortes maintenant, disparues ou richement mariées, des reçus de maîtres d'hôtel, de garçons de cercle, toutes les formes de l'usure parisienne et d'une liquidation de viveur, Mari' Anto grondait sourdement : « Plus cher que Mousseaux, vous voyez, la restauration de ce gentilhomme!... J'avais ça dans un chiffonnier depuis des années, parce que je garde tout; mais je jure Dieu que je ne comptais pas m'en servir... A présent, j'ai changé d'idée... Le voilà riche... je veux mon argent et l'intérêt de mon argent; sinon, je plaide... N'ai-je pas raison?

— Cent fois raison... seulement... » il effilait la pointe fauve de sa barbe... Est-ce que le prince d'Athis n'était pas interdit quand il avait signé ces traités?

« Oui, oui, je sais... Brétigny m'a dit... car ne pouvant rien par Lavaux, on a écrit à Brétigny pour lui demander son arbitrage... Entre académiciens, n'est-ce pas?... » Elle eut un rire de mépris qui mettait l'ambassadeur et l'ancien ministre au même niveau comme titres académiques, puis dans un éclat indigné : « Certainement, j'aurais pu ne pas payer, mais je le préférais plus propre... donc, je n'ai que faire d'un arbitrage... J'ai payé, qu'on me rembourse... ou alors en justice, et du scandale, et de la boue sur son nom, sur son titre d'envoyé de France à Pétersbourg... Que je le déshonore, ce misérable, ma cause sera toujours assez gagnée.

— C'est égal, » dit Paul Astier reposant la

liasse et faisant disparaître la lettre à m'man qui le gênait, « c'est égal ! qu'on vous ait laissé de telles preuves entre les mains... et quelqu'un d'aussi habile...

— Habile, lui ?... »

Tout ce qu'elle ne dit pas était dans son haussement d'épaules. Il continua, s'amusant à la pousser, car enfin on ne sait jamais jusqu'où peut aller le délire rancunier d'une femme : « Pourtant, un de nos meilleurs diplomates...

— C'est moi qui le grimais. Il ne sait du métier que ce que je lui en ai appris.

— Alors, la légende de Bismarck ?...

— Qui n'a jamais pu le regarder en face... Ah ! ah ! la bonne histoire... je crois bien !... on se détourne, quand il vous parle... une bouche d'égout !... »

Comme honteuse, elle mit sa figure dans ses mains, comprimant des sanglots, un râle furieux : « Dire ! dire !... douze ans de ma vie à un tel homme... A présent, il me quitte, il ne veut plus... et c'est lui !... lui !... » Son orgueil se révoltait à cette idée, et, marchant à grands pas dans la chambre, allant jusqu'au lit large et bas, drapé d'anciennes tentures, puis revenant au cercle lumineux de la lampe, elle cherchait les motifs de leur rupture, se demandant tout haut : « Pourquoi ?... pourquoi ?... » L'ambiguïté de leur situation ?... mais il savait bien que cela allait finir, qu'ils seraient mariés avant un an... La fortune, les millions de cette pécore ?... Comme si elle n'en avait pas, elle aussi, de la fortune ; et les relations, les influences qui manquaient à la Sauvadon... Alors, quoi ? la jeunesse ? Elle eut un rire enragé... Ah ! ah ! la pauvre petite !... pour ce qu'il en ferait de sa jeunesse !...

« Je m'en doute... » murmura Paul qui souriait, se rapprochait. C'était cela le point douloureux ; elle y appuyait comme exprès, pour se faire souffrir. Jeune !... jeune !... d'abord est-ce au calendrier que se regarde l'âge d'une femme ?... M. l'ambassadeur aurait peut-être des mécomptes... Et d'un geste vif, à deux mains, écartant ses dentelles de nuit sur son cou rond, sans un pli, sa nuque solide et splendide : « C'est là, voyons, c'est là que les femmes ont leur jeunesse... »

Ah ! ça ne traîna pas. Des mains fougueuses et savantes continuant son geste esquissé, peignoir, agrafes, tout craquait, tout volait par la chambre ; et prise, emportée, jetée aux draps ouverts, une flamme passa sur elle en tourbillon, quelque chose de puissant, de doux, d'irrésistible, dont rien, jusqu'à ce jour, n'avait pu lui donner l'idée, qui la roulait, l'enveloppait, s'apaisait pour revenir, pour la reprendre, l'étreindre, l'engloutir encore, sans fin... S'y attendait-elle en entrant? Est-ce là, comme il dut le croire, ce qu'elle venait chercher? Non ! Délire d'orgueil blessé, vertige de fureur, nausée, dégoût, toute la femme à l'abandon comme dans une nuit de naufrage ; mais jamais rien de vil chez elle ni de machiné.

Maintenant la voilà debout, elle reprend possession d'elle-même, et doute et s'interroge... Elle !... Ce jeune homme !... et si vite !... c'est à pleurer de honte. Lui, dans ses genoux, soupire : « Puisque je vous aime... puisque je vous ai toujours aimée... rappelez-vous... » et sur ses mains et se communiquant à tout son être, elle sent de nouveau voleter, courir ces bouleversantes flammes en ondes. Mais un clocher sonne très loin, des rumeurs claires passent dans le matin... elle s'arrache, se sauve éperdue, sans même vouloir emporter le dossier de sa vengeance.

Se venger? de qui? pourquoi faire? A cette heure elle n'avait plus de haine; elle aimait. Et c'était si nouveau, si extraordinaire pour cette mondaine, l'amour, le plein amour, avec son délire et ses spasmes, qu'à la première étreinte elle avait cru ingénument qu'elle allait mourir. Dès lors un apaisement se fit en elle, une douceur convalescente qui changeait son pas et sa voix; elle devenait une autre femme, une de celles dont le peuple dit en les voyant au bras d'un amant ou d'un mari, un peu lentes et comme bercées : « En voilà une qui a ce qu'il lui faut. » Le type est plus rare qu'on ne pense, surtout dans la « société. » Il se compliquait ici de la tenue pour le monde, des devoirs d'une maîtresse de maison surveillant les départs, les arrivées, l'installation de la seconde série, plus nombreuse, moins intime, toute la gentry académique : duc de Courson-Launay, prince et princesse de Fitz-Roy, les de Circourt, les Huchenard, Saint-Avol, ministre plénipotentiaire, Moser et sa fille, M. et Mme Henry de la légation américaine. Dure besogne, nourrir et distraire tous ces gens, fusionner ces éléments disparates. Personne ne s'y entendait mieux qu'elle ; mais à présent un ennui, une corvée. Elle aurait voulu ne pas bouger de place, ruminer son bonheur, s'absorber dans l'idée unique, et ne trouvait rien pour distraire ses invités que l'invariable visite aux verveux, au château de Ronsard, à l'orphelinat, toujours contente lorsque sa main touchait la main de Paul, que le hasard des voitures ou des bateaux les rapprochait l'un de l'autre.

Dans une de ces fastidieuses promenades sur la Loire, un jour que la flottille de Mousseaux, ses tendelets de soie, ses pavillons aux armes ducales en clairs reflets papillotants, avait poussé plus loin que d'habitude, Paul Astier, dont l'embarcation précédait celle de sa maîtresse, assis à l'arrière près de Laniboire, écoutait les confidences de l'académicien. Autorisé à prolonger son séjour à Mousseaux jusqu'à l'achèvement de son rapport, le vieux fou ne s'imaginait-il pas que sa cour était en bon chemin pour la succession de Samy, et, comme il arrive toujours en pareil cas, c'est à Paul qu'il racontait ses espérances, ce qu'il avait dit, ce qu'on lui répondait, et ci, et ça, et : « Jeune homme, que feriez-vous à ma place? » Un appel clair et sonore vibra sur l'eau, venu de la barque qui suivait.

« Monsieur Astier!…
— Duchesse?
— Voyez donc, là-bas, dans les roseaux… On dirait Védrine. »

Védrine, en effet, en train de peindre, sa femme et ses enfants près de lui, sur un vieux bateau plat amarré à une branche d'aulne, le long d'une île verte où s'égosillaient des bergeronnettes. On s'approcha bien vite, bord à bord, tout étant distraction au perpétuel ennui des gens du monde, et, pendant que la duchesse saluait de son plus doux sourire Mme Védrine qu'elle avait reçue quelque temps à Mousseaux, les femmes regardaient curieusement ce ménage d'artistes, leurs beaux enfants pétris d'amour et de lumière, au repos, à l'abri dans cette anse de verdure, sur ce flot limpide et calme où se doublait l'image de leur bonheur, Védrine, les saluts faits, sans lâcher sa palette, donnait à Paul des nouvelles de Clos-Jallanges, dont la longue maison basse et blanche à toiture italienne se voyait à mi-côte dans les brumes du fleuve. « Mon cher, tout le monde est fou, là-dedans ! La succession de Loisillon les tourne-boule. Ils passent leur vie à faire du pointage; tous, ta mère, Picheral, et la pauvre infirme dans son fauteuil roulant... Elle aussi a gagné la fièvre académique. Elle parle d'aller vivre à Paris, de donner des fêtes, des réceptions pour aider la candidature fraternelle. » Alors, lui, fuyant cette démence, s'escampait tout le jour, travaillait dehors avec sa smala, et montrant son vieux bachot, il riait sans l'ombre d'amertume : « Ma dabbich, tu vois... mon grand voyage sur le Nil ! »

Tout à coup le petit garçon, qui, parmi tant de monde, de jolies femmes, de toilettes, n'avait d'yeux que pour le père Laniboire, l'interpella d'une voix claire : « Dites, c'est-y vous le monsieur de l'Académie qui va avoir cent ans ? » Le vieux rapporteur, en train de faire des effets nautiques devant la belle Antonia, manqua s'effondrer sur sa banquette; et, le fou rire un peu calmé, Védrine expliquait le singulier intérêt que l'enfant portait à Jean Réhu qu'il ne connaissait pas, qu'il n'avait jamais vu, seulement à cause de ses cent ans qui approchaient. Le beau petit s'informait chaque jour du vieil homme, demandait : « Comment va-t-il ? » et c'était chez ce tout petit être un respect de la vie presque égoïste, l'espoir d'y arriver, lui aussi, à ses cent ans, puisque d'autres les pouvaient vivre.

Mais l'air fraîchissait, faisait flotter les voilettes de voyage, tout le pavoisement des petites flammes. Une masse de nuées s'avançait du côté de Blois; et vers Mousseaux dont les quatre lanternes au faîte des tourelles étincelaient sous le ciel noir, un réseau de pluie envoilait l'horizon. Il y eut un moment de hâte, de bousculade. Pendant que les barques s'éloignaient entre les bancs de sable jaune, toutes dans le même sillage à cause de l'étroitesse des chenaux, amusé par cet éclat de couleurs sous le ciel orageux, ces belles silhouettes de mariniers debout à l'avant, forçant sur leurs longues perches, Védrine se tournait vers sa femme à genoux dans le bachot, occupée à empaqueter les enfants, à serrer la boîte, la palette : « Regarde ça, maman... tu sais, quand je dis d'un camarade que nous sommes du même bateau... la voilà bien visible et vivante, mon image... toutes ces barques en file qui se sauvent dans le vent, la nuit menaçante, ce sont nos générations d'art.... On a beau se gêner entre gens du même bateau, on se connaît, on se sent les coudes ; on est amis sans le vouloir, sans le savoir, courant tous la même bordée... Mais ceux qui sont devant, comme ils s'attardent, comme ils encombrent! Rien de commun entre leur barque et la nôtre. On est trop loin, on ne se comprend plus. Nous ne nous occupons d'eux que pour leur crier : « Allez donc, avancez donc! » tandis qu'au bateau qui nous suit, dont l'élan de jeunesse nous pousse, nous talonne, voudrait nous passer sur le ventre, on jette avec colère : « Doucement donc!... Qu'est-ce qui vous presse?... » Eh bien! moi... — il dressait sa grande taille, dominait la rive et le fleuve... — je suis de mon bateau, certes, et je l'aime; mais ceux qui s'en vont et ceux qui viennent m'intéressent autant que le mien... Je les hèle, je leur fais signe, j'essaye de me tenir en communication avec tous... Car tous, suivants et devanciers, les mêmes dangers nous menacent, et pour chacune de nos barques les courants sont durs, le ciel traître, et le soir si vite venu!... Maintenant, démarrons, mes chéris, voilà l'ondée... »

XIII

« Priez pour le repos de l'âme de très haut et puissant seigneur et duc Charles-Henri-François Padovani, prince d'Olmütz, ancien sénateur, ambassadeur et ministre, grand'croix de la légion d'honneur, décédé le 20 de ce mois de septembre 1880, en sa terre de Barbicaglia, où ses restes ont été déposés. Une messe à son intention sera dite dimanche prochain dans la chapelle du château, vous êtes invités à y assister. »

Paul Astier qui descendait de sa chambre pour le déjeuner de midi, eut un mouvement de joie, d'orgueil immense, en entendant cette proclamation singulière, promenée de Mousseaux à Onzain sur les deux rives de la Loire par des employés de la maison Vaffard, porteurs de lourdes cloches qu'ils agitaient en marchant, et de hauts chapeaux enguirlandés de crêpes noirs jusqu'à terre. La nouvelle de la mort du duc, déjà ancienne de quatre jours, tombée à Mousseaux comme un coup de fusil dans une compagnie de perdreaux, avait essaimé, dispersé à des plages, des villégiatures imprévues, tous les invités de la seconde série, obligé la duchesse à partir brusquement pour la Corse, ne laissant au château que quelques intimes. Malgré tout, la mélancolie de ces voix, de ces cloches en marche que lui apportait le vent de la Loire par la fenêtre à croisillons de l'escalier, cette lettre de part déclamée d'une royale façon si peu moderne, donnait au fief de Mousseaux un étonnant caractère de grandeur, faisait monter plus haut ses quatre tours et les cimes de ses arbres centenaires. Or, comme tout cela allait lui appartenir, que sa maîtresse en partant l'avait supplié de rester au château pour de graves déterminations à prendre au retour, cette déclamation funèbre lui semblait comme l'annonce de sa mise en possession prochaine... « Priez pour le repos de l'âme... » Enfin, il la tenait, la fortune, et, cette fois, il ne se laisserait pas dépouiller... « ancien sénateur, ambassadeur et ministre... »

« Elles sont lugubres, ces cloches, n'est-ce pas, monsieur Paul? » lui dit Mme Moser déjà à table entre son père et l'académicien Laniboire. La duchesse les avait gardés à Mousseaux autant pour distraire la solitude de Paul Astier que pour donner un peu plus de repos et de bon air à la pauvre Antigone esclavagée par la candidature perpétuelle de son père. De celle-là, du moins, rien à craindre comme rivalité de femme, avec ses yeux de chien battu, ses cheveux incolores et l'unique préoccupation sollicitante et humiliée de ce fauteuil académique inaccessible. Ce matin, pourtant, elle s'était faite belle, plus soignée; une robe fraîche, ouverte en cœur. Ce qu'il montrait, ce cœur, semblait bien minable et maigrichon, mais enfin, à défaut de grives... Et Laniboire, mis en verve, la lutinait, disait des choses... Il ne les trouvait pas lugubres, lui, ces sonnailles de mort, ni les : « Priez pour le repos... » s'espaçant dans le lointain. Au contraire, la vie lui semblait meilleure par contraste, le vin de Vouvray plus doré dans les carafes, et ses grasses histoires détonnaient singulièrement dans la salle à manger trop vaste. Le candidat Moser, figure bouillie, d'expression complaisante, riait d'un rire courtisan, bien qu'un peu gêné par sa fille, mais le philosophe était une influence à l'Académie !

Le café pris, sur la terrasse, Laniboire, le teint carminé comme un apache, cria : « Allons travailler, mademoiselle Moser, je me sens en train... Je crois que je vais finir mon rapport aujourd'hui. » La douce petite Moser qui lui servait parfois de secrétaire se leva un peu à regret. Par ce beau temps voilé des premières brumes de l'automne, elle eût préféré une grande promenade ou peut-être continuer dans la galerie la conversation avec M. Paul si joli, si bien élevé, plutôt que d'écrire sous la dictée du père Laniboire l'éloge de vieilles bonnes dévouées ou d'infirmiers modèles. Mais son père la pressait : « Va, va, ma fille... le maître t'appelle... » Elle obéit, monta derrière le philosophe, suivie du vieux Moser qui allait faire sa sieste. Qu'arriva-t-il alors ? De quel drame fut témoin la chambre de Laniboire qui, s'il avait le nez de Pascal, n'en imitait pas la réserve. Au retour d'une longue course à travers bois pour apaiser ses impatiences ambitieuses, Paul Astier aperçut dans la cour d'honneur le break avancé au bas du grand escalier, ses deux fortes bêtes piaffantes, et Mlle Moser déjà montée, assise au milieu des sacs de nuit, des mallettes, pendant que, sur le perron, Moser éperdu, sondant ses poches, distribuait des pourboires à deux ou trois valets de pied aux faces ricaneuses. Il s'approcha du break : « Vous nous quittez donc, mademoiselle ! » Elle lui tendit la main, une longue main glacée de sueur qu'elle oubliait de ganter, et sans répondre, sans ôter de ses yeux le mouchoir qui les tamponnait sous la voilette, elle remuait la tête pour lui dire adieu en sanglotant. Il n'en apprit guère davantage du père Moser qui bégayait tout bas, triste et furieux, une botte sur le marchepied : « C'est elle... c'est elle qui veut partir... elle dit qu'on lui a manqué... mais je ne peux pas croire... » Et avec un profond soupir, sa grosse ride au milieu du front, la ride académique, creusée et rougie en coup de sabre : « C'est un grand malheur pour mon élection. »

A dîner, Laniboire resté toute l'après-midi dans sa chambre, dit en s'asseyant en face de Paul : « Savez-vous pourquoi nos amis Moser nous ont quittés si brusquement?

— Non, cher maître... et vous?

— Estrange! Estrange! »

Il affectait le plus grand calme à cause du service informé de l'aventure, mais on le sentait troublé, anxieux, dans l'état d'esprit du vieux paillard qui, sa fièvre tombée, n'a plus que l'angoisse des suites de sa turpitude. Peu à peu il se rassura, se réconcilia avec l'existence qu'il ne pouvait bouder à table, finit par avouer à son jeune ami qu'il était peut-être allé un peu loin avec la chère enfant... « mais, aussi, son père me la pousse, m'en encombre... On a beau être rapporteur pour les prix de vertu, bé dame!... » Il brandissait son petit verre d'un geste conquérant que l'autre arrêta net avec ce mot : « Et la duchesse ? » Mlle Moser avait dû lui écrire pour se plaindre, du moins expliquer son départ.

Laniboire pâlissait : « Croyez-vous ? »

Paul insista, pour se débarrasser du sombre raseur. A défaut de la jeune fille, quelque dénonciation de domestique était à craindre. Et son petit nez fourbe s'agitant : « A votre place, mon cher maître...

— Bah! laissez donc, j'en serai quitte pour une scène qui avancera mes affaires... les femmes sont comme nous, ça les monte, ces histoires-là ! »

Il faisait le brave ; mais, la veille du retour de la duchesse, il prétexta les élections académiques toutes proches, l'humidité des soirs, mauvaise pour ses rhumatismes, et s'enfuit emportant dans sa valise son rapport enfin terminé.

Elle arriva pour la messe du dimanche, célébrée en grande pompe dans la chapelle Renaissance à qui l'art multiple de Védrine avait su rendre ses admirables verrières et son retable d'autel miraculeusement sculpté. Une foule énorme des villages d'alentour, engoncée de hideuses redingotes, de longues blouses bleues vernissées, de coiffes blanches, de fichus raides d'empois sur des teints de hâle, emplissait la chapelle, débordait dans la cour d'honneur, — venue là non pour la cérémonie religieuse ni pour l'hommage rendu à ce vieux duc, un inconnu dans le pays, mais pour le banquet en plein air, qui devait suivre la messe, sur ces bancs et ces longues tables dressés des deux côtés de l'interminable avenue seigneuriale, où, l'office fini, deux à trois mille paysans purent facilement prendre place. Un peu gênés d'abord, impressionnés par tout ce service en deuil qui s'agitait, ces forestiers le crêpe à la casquette, ils parlaient à voix basse, dans l'ombre majestueuse des ormes; puis chauffés de vins, de victuailles, le repas funèbre s'anima, devint une immense frairie.

Pour échapper à l'horreur de ces ripailles, la duchesse et Paul Astier filaient grand trot par les routes et les champs déserts du dimanche, dans un landau découvert, drapé de noir. Ces hauts laquais à cocardes, ces longs voiles de veuve en face de lui, rappelaient au jeune homme d'autres courses de ce genre. Il pensait : « Décidément, il y a toujours un mort dans mes affaires... » en regrettant un peu le petit minois frisé court de Colette de Rosen, d'un si rayonnant contraste dans tout ce noir. Fatiguée du voyage, épaissie par un deuil improvisé, la duchesse avait pour elle ces grandes façons dont l'autre manquait absolument; et puis son mort n'était pas gênant, à celle-là, bien trop franche pour grimacer les doléances auxquelles se croient obligées les vulgaires en pareil cas, même quand ce mari défunt a été détesté et trompé de mille façons. Sous la sonore talonnade des chevaux, la route se déroulait, montant, dévalant en pentes molles, tantôt entre des petits bois de chênes, ou de grandes plaines balayées de vols de corbeaux autour des meules espacées. Le ciel doux, pluvieux, comme abaissé, filtrait par de rares échancrures un soleil pâle ; et, pour s'abriter du vent de leur course, une même couverture enserrait leurs genoux rapprochés, mêlés sous la fourrure, pendant qu'elle parlait de sa Corse, d'un merveilleux *vocero* improvisé aux funérailles par sa femme de chambre.

« Matéa ?

— Oui, Matéa !... C'est un grand poète, figurez-vous... » Et elle citait quelques vers de la vocératrice, dans ce fier patois corse qui allait bien à son contralto. Quant aux graves déterminations, pas un mot.

C'était pourtant cela qui l'intéressait, lui, et bien autrement que les poésies de la chambrière. Ce serait pour le soir, sans doute. Et, tout bas, il l'égayait de l'aventure de Laniboire, de l'adroite façon dont il s'était débarrassé de l'académicien. « Pauvre petite Moser, disait la duchesse en riant, il faut que son père soit nommé, cette fois... Elle l'a bien gagné... » Puis ils ne jetèrent plus que quelques courtes phrases, voluptueusement rapprochés dans cette course berçante du landau, tandis que le jour baissait sur les champs obscurcis, laissant voir vers les hauts-fourneaux des montées de flammes intermittentes, des battements d'éclairs à hauteur de ciel. Le retour fut malheureusement gâté par les cris, les chants avinés des bandes paysannes revenant de la frairie, s'empêtrant dans les roues comme des bestiaux, roulant aux fossés d'où montaient, des deux côtés de la route, des ronflements, des bruits immondes, leur façon de prier pour le repos de l'âme du très haut et puissant seigneur et duc.

Dans leur tour habituel de galerie, appuyée contre son épaule entre les lourds piliers découpant le vague horizon, elle regardait la nuit, murmurait : « Qu'on est bien ! tous deux... seuls... » mais ne parlait toujours pas de ce que Paul attendait. Il essayait de l'y amener et, de tout près, dans les cheveux, s'informait de

son hiver. Allait-elle retourner à Paris? Oh!
non, certainement; Paris l'écœurait, et sa
société menteuse, tout en masques et en trahisons! Seulement, elle hésitait encore, s'enfermer à Mousseaux, ou partir pour un grand
voyage en Syrie, en Palestine. Qu'en pensait-il? Bien sûr, c'étaient là les graves déterminations à prendre ensemble; un prétexte en somme
pour le retenir, la femme absente s'effrayant à
l'idée que, s'il retournait à Paris, d'autres le lui
enlèveraient. Paul, se jugeant mystifié, mordait
ses lèvres : « Ah! c'est comme ça, ma fille... Eh
bien! nous allons voir. » Lasse de son voyage
et de sa journée de plein air, elle monta se coucher en se traînant, après une poignée de mains
significative à laquelle répondait d'ordinaire un
furtif et tendre « à tout à l'heure. » Elle viendrait; il serait là, derrière la porte, à guetter son
pas... Et quelle revanche alors aux contraintes
de la journée! Toute une nuit d'ivresse rien que
dans un mot chuchoté... « à tout à l'heure. »
Mais ce mot, Paul Astier, ce soir-là, ne le dit
pas; et, malgré sa déconvenue, elle voyait dans

cette réserve un respect pour le deuil si proche, la chapelle encore tendue; même elle s'endormit en trouvant cela très distingué.

Le lendemain, on ne se vit guère; la duchesse, en affaires, réglait les comptes de son maître d'hôtel, de ses fermiers, à la grande admiration du notaire Maître Gobineau, qui disait à Paul, à déjeuner, avec une malice dans chaque pli de sa vieille figure tapée : « En voilà une à qui on ne fera pas voir le tour.

— Qu'en sait-il ? » pensait le jeune chasseur à l'affût, tortillant sa barbe blonde. Pourtant, l'âpreté, le sang-froid que prenait ce beau contralto d'amour dans les discussions d'intérêt l'avertissaient qu'il faudrait jouer serré.

Après déjeuner, des caisses arrivaient de Paris avec la Première de Spricht et deux essayeuses. Enfin, vers quatre heures, descendue dans une merveille de costume qui la faisait toute jeune et mince, elle lui proposa une course à pied dans le parc. Ils marchaient l'un près de l'autre du même pas allègre, descendant les allées, évitant le bruit des grands râteaux dont les jardiniers, trois fois par jour, luttaient contre la tombée des feuilles mourantes. Mais on avait beau faire, les chemins, une heure après, se recouvraient de nouveau de ce tapis d'Orient aux teintes riches, pourpre, vert, mordoré, où bruissait leur promenade sous les rayons d'un oblique soleil très doux. Elle lui parlait de ce mari dont elle avait tant souffert aux années de sa jeunesse, tenant beaucoup à lui faire comprendre qu'elle portait un deuil mondain, tout de convenance et ne l'attristant pas jusqu'au cœur. Paul comprenait parfaitement et souriait, bien résolu dans sa tactique de froideur.

Tout au bas du parc, ils s'assirent près d'un pavillon masqué d'érables, de troènes, qui abritait les verveux et les rames de la petite flottille. Ils voyaient de là les pelouses en pente, les hautes et basses futaies éclairées et dorées par places, découvrant le château qui, la plupart des fenêtres closes, ses terrasses désertes, et dressant l'orgueil de ses lanternes et de ses tours, semblait grandi, rentré dans l'histoire.

« Quel dommage de quitter tout cela... »

dit-il dans un soupir. Elle le regarda, stupéfaite, le front orageux et contracté... Partir, il voulait partir... et pourquoi?

« La vie, hélas! il faut bien...

— Nous séparer!... et moi? et ce grand voyage que nous devions faire ensemble?

— Je vous laissais dire... »

Mais est-ce qu'un pauvre artiste comme lui pouvait se payer une promenade en Palestine? Des rêves cela, irréalisables... La dabbieh de Védrine, un bachot sur la Loire.

Elle haussa ses belles épaules patriciennes : « Voyons, Paul, quel enfantillage!... Est-ce que tout ce que j'ai n'est pas à vous?

— A quel titre? »

Ce fut dit! mais elle ne devinait pas encore où il allait en venir. Et lui, craignant d'être parti trop vite :

« Oui, quel titre au jugement étroit du monde pour voyager avec vous?

— Eh bien! restons à Mousseaux. »

Il s'inclina dans une douce ironie : « Votre architecte n'y a plus rien à faire.

— Bah! nous lui trouverons bien de l'ouvrage... dussé-je mettre le feu au château cette nuit... »

Elle riait de son beau rire passionné, se serrait contre lui, prenait ses mains dont elle se caressait le visage, des folies! mais pas le mot que Paul attendait, qu'il essayait de lui faire dire. Alors, lui, violemment : « Si vous m'aimez, Maria-Antonia, laissez-moi partir; j'ai mon existence à faire et celle des miens... On ne me pardonnerait pas de l'accepter d'une femme qui n'est pas ma femme, qui ne le sera jamais. »

Elle comprit, ferma les yeux comme devant l'abîme, et, dans le grand silence qui suivit, on entendait sous une brise les feuilles tomber dans tout le parc, les unes encore lourdes de sève, glissant par paquet de branche en branche, d'autres furtives, impalpables, en frôlements de robe, et tout autour du pavillon, sous les érables, on eût dit des pas, un piétinement de foule silencieuse qui rôdait. Elle se leva frissonnante : « Il fait froid, rentrons. » Son sacrifice était fait. Elle en mourrait, sans doute, mais le monde ne verrait pas cet abaissement de la duchesse Padovani en Madame Paul Astier, épousant son architecte.

Paul, tout le soir, s'occupa sans affectation de son départ, donna des ordres pour ses malles, des pourboires princiers au service, s'informa des heures de train, toujours libre de lui, causeur, sans parvenir à troubler la bouderie silencieuse de la belle Antonia, absorbée dans la lecture d'une revue dont elle ne tournait pas les pages. Seulement quand il lui fit ses adieux, ses remerciements pour sa longue et bonne hospitalité, il vit dans la lumière du vaste abat-jour de dentelle l'angoisse de ce fier visage, la grâce implorante de ces beaux yeux de fauve mourant.

Dans sa chambre, le jeune homme s'assura que le verrou du fumoir était fermé, éteignit tout et attendit, immobile sur le divan près de la petite porte. Si elle ne venait pas, il s'était trompé, tout serait à refaire. Mais un léger bruit, la soie du peignoir dans le passage dérobé, et après la surprise de ne pas entrer tout droit, un coup effleuré du bout du doigt plutôt que frappé. Il ne bougea pas, résista même à une tousserie avertissante, l'entendit s'éloigner, le pas nerveux, en saccades.

« Maintenant, pensa-t-il, elle est prise. J'en ferai ce que je voudrai... » et il se coucha tranquillement.

« Si je m'appelais le prince d'Athis, seriez-vous devenue ma femme à l'expiration de votre deuil?... Pourtant d'Athis ne vous aimait pas et Paul Astier vous aime, et, fier de son amour, aurait voulu le proclamer devant tous, au lieu de le cacher comme une honte. Ah! Mari'Anto! Mari'Anto!... quel beau rêve je viens de faire... Adieu pour jamais. »

Elle lut cette lettre, les yeux à peine ouverts, tout gros des larmes versées dans la nuit : « Monsieur Astier est-il parti? » La chambrière qui se penchait pour rattacher les persiennes, voyait justement la voiture emportant M. Paul, tout au bout de l'avenue, trop loin déjà pour qu'on pût les rappeler. La duchesse sauta de son lit, courut à la pendule : « Neuf heures! »

L'express ne passait à Onzain qu'à dix heures. « Vite un courrier... Bertoli... le meilleur cheval... » En traversant les bois au raccourci, on arriverait avant la calèche ! Pendant que les ordres se hâtaient, elle écrivait debout, presque nue : « Revenez... tout ira selon votre désir... » Non, trop froid. Il ne viendrait pas pour si peu. Ce billet déchiré, elle en faisait un autre : « Ta femme, ta maîtresse, ce qui te plaira, mais tienne !... tienne !... » signa : « duchesse Padovani. » Puis, tout à coup, s'affolant à l'idée qu'il ne reviendrait peut-être pas encore : « J'irai moi-même... mon amazone, vite ! » Et, par la fenêtre, elle jetait à Bertoli, dont la bête piaffait devant l'escalier d'honneur, l'ordre de seller pour elle « mademoiselle Oger. »

Depuis cinq ans, elle ne montait plus à cheval. L'habit craquait sur la taille épaissie, des agrafes manquaient. « Laisse, Matéa, laisse... » Elle descendit l'escalier la traîne au bras, entre les valets de pied hébétés, la face vide, se lançait à fond de train par l'avenue. La grille, la route. La voilà sous bois dans la fraîcheur des chemins verts, des longues avenues où des vols, des bonds s'effarent à sa course effrénée. Elle le veut, il le lui faut, l'homme, l'amant, celui qui sait la faire toujours mourir, toujours renaître ! Maintenant qu'elle connaît l'amour, y a-t-il autre chose au monde !... Et, penchée, elle guette le train, ce bruit de vapeur qui rase tous les horizons de campagne. Pourvu qu'elle arrive à temps !... Pauvre folle ! Irait-elle au pas qu'elle le rattraperait encore, ce joli fuyard, puisqu'il est son mauvais destin ; celui qu'on n'évite pas.

XIV

Mademoiselle Germaine de Freydet

Villa Beauséjour

Paris-Passy.

Café d'Orsay, onze heures. En déjeunant.

De deux heures en deux heures, plus souvent si je le peux, je t'enverrai ainsi une dépêche bleue, autant pour apaiser ton angoisse, sœur chérie, que pour la joie d'être avec toi tout ce grand jour que j'espère bien terminer par un bulletin de victoire, malgré les défections du dernier moment. Un mot de Laniboire que Picheral me répétait tout à l'heure : « On entre à l'Académie l'épée au côté, non pas à la main. » Allusion au duel Astier. Ce n'est pas moi qui me suis battu, mais l'animal tient à son trait d'esprit bien plus qu'à la promesse qu'il m'avait faite. Ne pas compter non plus sur Danjou. Après m'avoir tant de fois dit : « Soyez des nôtres... » ce matin, au secrétariat, il vient de me chuchoter un « faites-vous désirer... » qui est peut-être le plus joli mot de son répertoire. N'importe ! Je l'ai belle. Mes concurrents ne sont pas à craindre. Le baron Huchenard, l'auteur des *Habitants des cavernes,* de l'Académie française ! Mais Paris se soulèverait. Quant à M. Dalzon, je le trouve bien osé. J'ai son livre, son fameux livre, entre les mains... J'hésite à m'en servir, mais qu'il prenne garde !

Deux heures.

A l'Institut, chez mon bon maître, où j'attendrai le résultat du vote... Est-ce une idée? Il me semble que mon arrivée, annoncée pourtant, a dérangé quelque chose ici. Nos amis achevaient de déjeuner. Un remue-ménage, des portes jetées, Corentine, au lieu de m'introduire au salon, me poussant dans les archives où mon maître m'a rejoint, l'air gêné, parlant bas, me recommandant la plus grande réserve, et si triste!... Aurait-il de mauvaises nouvelles?... « Non... non, mon cher enfant... » puis une poignée de mains : « Allons, bon courage... » Depuis quelque temps le pauvre homme n'est plus le même. On le sent débordant de chagrin, de larmes qu'il refoule. Quelque peine secrète et profonde où ma candidature n'est pour rien; mais dans mon état d'esprit...

Plus qu'une heure d'attente. Je me distrais

à regarder, de l'autre côté de la cour, par la grande baie vitrée de la salle des séances, des files de bustes d'académiciens. Est-ce un présage ?

Trois heures moins un quart.

Je viens de voir défiler tous mes juges, trente-sept, si j'ai bien compté ; l'Académie au grand complet, puisque Épinchard est à Nice, Ripault-Babin dans son lit et Loisillon au Père-Lachaise. Superbe, l'entrée en cour de tous ces illustres ! les jeunes, lents et graves, la tête inclinée comme sous le poids d'une responsabilité trop lourde, les vieux portant beau, la jambe vive ; quelques goutteux et rhumatisants comme Courson-Launay faisant avancer leur voiture jusqu'à l'escalier, s'appuyant au bras d'un collègue. Ils attendent avant de monter, causent par petits groupes, avec des mouvements de dos, d'épaules, de grands gestes à mains ouvertes. Que ne donne rais-je pas pour entendre cette discussion dernière de mes chances! J'entr'ouvre doucement la fenêtre; mais une voiture chargée de malles entre à grand fracas dans la cour, descend un voyageur en fourrures, bonnet de loutre. Épinchard, ma chère, Épinchard débarquant de Nice exprès pour m'apporter sa voix. Brave cœur!... Puis mon maître est passé, voûté sous son chapeau à larges bords, feuilletant l'exemplaire de *Toute nue* que je me suis décidé à lui remettre, pour le cas... Que veux-tu? il faut se défendre!

Plus rien sous les yeux que deux voitures qui attendent, et le buste de Minerve en faction. Protège-moi, déesse! Là-haut commence l'appel nominal et l'interrogatoire, chaque académicien devant affirmer au directeur que sa voix n'est pas engagée. Simple formalité, comme tu penses, à laquelle on répond d'un sourire négatif, d'un petit dodelinage de magot de la Chine.

...

Quelque chose d'inouï. Je venais de donner ma dépêche à Corentine, et je respirais à la fenêtre, essayant de lire, dans la sombre façade vis-à-vis, le secret de ma destinée, quand j'aperçois, à la croisée voisine de la mienne, Huchenard prenant le frais aussi, me touchant presque... Huchenard, mon concurrent, le pire ennemi d'Astier-Réhu, installé dans son cabinet !... Aussi saisis l'un que l'autre, nous nous sommes salués, puis retirés d'un même mouvement... Mais il est là, je l'entends, je le sens derrière cette cloison. Bien sûr il attend comme moi la décision de l'Académie, seulement au large de l'ancien salon Villemain, tandis que j'étouffe dans ce trou encombré de vieux papiers. Maintenant, je m'explique le désarroi de mon arrivée... mais, pourquoi? Comment se fait-il? Chère sœur, ma tête s'égare. De qui se moque-t-on, ici?

...

Désastre et trahison! basse intrigue académique dont je n'ai pas encore le mot!

PREMIER TOUR :

Baron Huchenard. . . . . 17 voix.
Dalzon. . . . . 15 —
Vicomte de Freydet . . . . 5 —
Moser . . . . 1 —

DEUXIÈME TOUR :

Baron Huchenard. . . . . 19 voix.
Dalzon. . . . . 15 —
Vicomte de Freydet . . . . 3 —
Moser . . . . 1 —

TROISIÈME TOUR :

Baron Huchenard. . . . . 33 voix.
Dalzon. . . . . 4 —
Vicomte de Freydet . . . . 0 — (!!)
Moser. . . . . 1 —

Évidemment, entre les second et troisième tours, l'exemplaire de *Toute nue* a dû circuler, au profit du baron Huchenard... L'explication ! Je la veux... je l'exige... je ne sortirai pas d'ici sans qu'on me l'ait donnée.

Quatre heures.

Tu penses, ma chère sœur, quelle émotion, lorsque après avoir entendu dans la pièce à côté M. et Mme Astier, le vieux Réhu, tout un flot de visiteurs féliciter, congratuler l'auteur des *Habitants des cavernes*, j'ai vu s'ouvrir la porte des archives, mon maître s'avancer les mains tendues : « Pardonnez-moi, cher enfant... » La chaleur, l'émotion... il suffoquait... « pardonnez-moi... cet homme me tenait par la gorge... j'ai dû... j'ai dû... je croyais détourner le grand malheur qui me menace, mais on n'évite rien de ce qui est écrit, même au prix d'une lâcheté. » Ses bras ouverts, je m'y suis jeté sans rancune, sans même bien comprendre cette peine mystérieuse qui le poignait.

En définitive, tout se réparera bientôt pour moi. J'ai les meilleures nouvelles de Ripault-

Babin : il est douteux qu'il passe la semaine.
Encore une campagne, ma chère sœur. Malheureusement, le salon Padovani sera fermé tout l'hiver pour le grand deuil. Il nous reste comme champ de manœuvres les « jours » de Mmes Astier, Ancelin, Eviza, dont les lundis ont été décidément lancés par le grand-duc. Mais, avant tout, sœur chérie, il va falloir déménager. Passy est trop loin, l'Académie n'y vient pas. Tu diras que je vais encore te trimballer, mais c'est si important ! Regarde Huchenard, pas d'autres titres au fauteuil que ses réceptions... Je dîne chez mon bon maître, ne m'attends pas.

Ton frère tendre,

ABEL DE FREYDET.

L'unique voix de Moser, à tous les tours, est celle de Laniboire, rapporteur des prix de vertu. Il court à ce sujet une anecdote, d'un leste !... C'est égal... les dessous de la coupole... Quelle comédie !

XV

« C'est abominable !...

— Il faut répondre. L'Académie ne peut rester sous le coup...

— Y songez-vous ? l'Académie se doit au contraire...

— Messieurs, messieurs, le vrai sentiment de l'Académie... »

Dans leur salle des réunions privées, devant la grande cheminée que surmonte le portrait en pied du cardinal de Richelieu, les immortels discutaient avant d'entrer en séance. Un jour fumeux et froid d'hiver parisien, tombant par la large baie du plafond, accentuait la solennité glaciale de tous ces bustes de marbre à l'alignement contre les murs ; et le vaste foyer de la cheminée, presque aussi rouge que la simarre du cardinal, ne parvenait pas à réchauffer cette sorte de petit parlement, demi tribunal, avec ses sièges de cuir vert, sa longue table en hémicycle devant le bureau, et l'huissier à chaîne gardant la porte non loin du secrétaire Picheral.

C'est d'ordinaire le meilleur de la séance, ce quart d'heure de grâce laissé aux retardataires et que l'on passe à potiner tout bas, par petits groupes familiers, le dos au feu, basques relevées. Mais, aujourd'hui, la causerie se généralisait, montée au ton d'une discussion publique des plus violentes, pour laquelle les arrivants prenaient voix dès le bout de la salle, tout en signant la feuille de présence. Quelques-uns même, avant d'entrer, quittant leurs fourrures, leurs cache-nez, leurs socques dans la salle déserte de l'Académie des Sciences, entr'ouvraient la porte pour crier à l'infamie, à l'abomination.

La cause de tout ce tumulte : la reproduction

dans un journal du matin d'un très impertinent rapport de l'Académie de Florence sur le *Galilée* d'Astier-Réhu et les pièces historiques manifestement apocryphes et bouffonnes *(sic)* qui l'accompagnaient. Ce rapport communiqué en grand mystère au directeur de l'Académie française agitait sourdement l'Institut depuis quelques jours, dans l'attente fiévreuse de la détermination d'Astier-Réhu qui se contentait de répondre : « Je sais... je sais... je fais le nécessaire. » Et brusquement voilà ce compte rendu, qu'ils se croyaient seuls à connaître, pétaradant, ce matin, à la première page du journal le plus répandu de Paris, avec d'outrageants commentaires pour le secrétaire perpétuel et toute la Compagnie.

Là-dessus, émoi, fureur, horripilation contre l'impudent journaliste et la sottise d'Astier-Réhu qui leur valait ces attaques depuis longtemps désapprises, depuis que l'Académie ouvre sa porte, prudemment, aux « gens de feuilles. » Le bouillant Laniboire, rompu à tous les sports, parlait d'aller couper les oreilles au

monsieur ; et ce n'était pas trop de deux ou trois
collègues pour le retenir. « Voyons ! Laniboire...
L'épée au côté, jamais à la main... le mot est
de vous, que diable ! bien que l'Académie l'ait
adopté...

— Vous savez, messieurs, que Pline l'ancien,
au livre XIII de son Histoire naturelle... »
c'était Gazan qui arrivait tout soufflant, de son
trot lourd de pachyderme... « signale déjà des
supercheries autographiques, entre autres une
fausse lettre de Priam sur papyrus...

— Monsieur Gazan n'a pas signé la feuille... »
criait l'aigre fausset de Picheral.

« Ah ! pardon... » et le gros homme allait
signer tout en continuant son histoire de papyrus, de roi Priam, noyée dans cette confusion
de voix irritées où l'on ne distinguait que le mot
« académie... académie, » tous en parlant comme
d'une personne réelle, vivante, dont chacun avait
la conviction de connaître et d'exprimer l'intime
pensée, à l'exclusion de tous les autres. Subitement ces criailleries s'arrêtèrent devant Astier-
Réhu entrant, signant, posant très calme à sa

place de secrétaire perpétuel la lourde serviette qu'il tenait sous le bras, puis s'avançant vers ses collègues :

« Messieurs, j'ai une mauvaise nouvelle à vous apprendre... J'avais fait porter à la Bibliothèque, pour l'expertise, les douze à quinze mille autographes qui composent ce que j'appelais ma collection... Eh bien ! messieurs, tout est faux, tout. L'Académie de Florence avait dit vrai. Je suis victime d'une immense mystification. »

Pendant qu'il essuyait son front mouillé de grosses gouttes après l'effort de cet aveu, quelqu'un demanda avec insolence :

« Et alors, monsieur le secrétaire perpétuel?...

— Alors, monsieur Danjou, il ne me restait plus qu'à porter plainte... c'est ce que j'ai fait... » Et comme ils protestaient tous, déclarant qu'un procès pareil était impossible, qu'il ridiculiserait la Compagnie : « Désespéré, vraiment, mes chers collègues ; mais ma décision est irrévocable... D'ailleurs l'homme est en prison et l'instruction commencée... »

De rugissements pareils à ceux qui accueillirent cette déclaration, jamais la salle des séances privées n'en avait entendu ; et comme toujours, entre les plus furieux, se signalait Laniboire, vociférant que l'Académie devrait se débarrasser d'un membre aussi dangereux. Dans un premier coup de colère, quelques-uns examinaient tout haut la proposition. Était-ce faisable ? L'Académie, compromise par un des siens, pouvait-elle lui dire : « Allez-vous-en, je me déjuge... immortel, je vous rejette au commun des mortels. »

Tout à coup, soit qu'il eût saisi quelques mots du débat, ou par une de ces curieuses divinations dont s'élucident parfois les surdités les plus hermétiques, le vieux Réhu qui se tenait à l'écart et loin du feu, crainte d'une attaque, proféra de sa forte voix sans diapason : « Sous la Restauration, pour des motifs de simple politique, nous éliminâmes jusqu'à onze membres !... » L'ancêtre eut son mouvement de tête certificatif qui prenait à témoin ses contemporains de ce temps-là, bustes blancs aux yeux vides, alignés sur des piédestaux autour de la salle.

« Onze, bigre !... » murmura Danjou dans un grand silence.

Et Laniboire, toujours cynique : « Tous les corps constitués sont lâches !... c'est la loi de nature... il faut vivre... »

Alors Épinchard, qui s'affairait à l'entrée avec le secrétaire Picheral, rejoignit ses collègues et, tout bas, entre deux quintes, déclara que le secrétaire perpétuel n'était pas seul coupable en cette affaire, à preuve le procès-verbal du 8 juillet 1879 dont on allait donner lecture. De sa place, la petite voix de Picheral commença, guillerette et très vite : « *Le 8 juillet 1879, Léonard-Pierre-Alexandre Astier-Réhu fait don à l'Académie française d'une lettre de Rotrou au cardinal de Richelieu, sur les statuts de la Compagnie. L'Académie, ayant pris connaissance de cette pièce inédite et très curieuse, félicite le donataire et décide que la lettre de Rotrou sera insérée au procès-verbal. La voici textuellement.* »

... Ici le débit du secrétaire se ralentit, appuyant

malicieusement sur tous les mots... « *textuellement, c'est-à-dire, avec les négligences qui se rencontrent dans les correspondances familières, et confirment l'authenticité du document.* » Sous le jour décoloré qui tombait du vitrage, tous debout et immobiles, évitant de se regarder entre eux, ils écoutaient dans la stupeur.

« Lirai-je la lettre aussi?... » Picheral souriait, s'amusait beaucoup.

« La lettre aussi... » dit Épinchard. Mais dès les premières phrases, on cria : « Assez... assez... cela suffit... » Ils en rougissaient maintenant, de cette épître de Rotrou dont l'imposture crevait les yeux. Un pastiche d'écolier, tournures impropres, la moitié des mots ignorés de ce temps-là. Quel aveuglement! comment avaient-ils pu?...

« Vous voyez donc, messieurs, que nous serions mal venus à accabler notre infortuné collègue... » reprit Épinchard; et tourné vers le secrétaire perpétuel, il l'adjura de renoncer au scandale d'un procès dont la Compagnie tout entière et le grand cardinal lui-même seraient atteints.

Mais ni la chaleur de l'apostrophe, ni l'ampleur oratoire du geste vers le camail du cardinal-fondateur ne vinrent à bout du farouche entêtement d'Astier-Réhu qui, ferme et droit devant la petite table servant de tribune au milieu de la salle pour les lectures et communications, les poings serrés comme s'il avait peur qu'on lui arrachât sa volonté des mains, affirmait que « rien! entendez-vous, rien » n'entamerait sa résolution. Et ses gros doigts fermés sonnant avec colère sur le bois dur : « Ah! messieurs, j'ai déjà trop attendu, trop cédé à des considérations de ce genre... Comprenez donc qu'il m'étouffe, ce *Galilée* que je ne suis pas assez riche pour racheter et que je vois aux vitrines des libraires avec mon nom en complicité de ce faussaire! » Ce qu'il voulait, en somme? Arracher lui-même les pages véreuses de son œuvre, en faire un public autodafé dont ce procès lui fournissait l'occasion : « Vous parlez de ridicule? Mais l'Académie est bien trop haute pour le craindre. Quant à moi, ruiné, bafoué, il me restera le fier contentement d'avoir mis mon nom, mon œuvre et la dignité de l'histoire à l'abri. Je n'en demande pas davantage. » Sous l'emphase de sa parole, il y avait un accent de sincérité, de droiture qui détonnait dans ce milieu ouaté de toutes sortes de compromissions, d'enveloppements. Soudain l'huissier annonça : « Messieurs, quatre heures... » Quatre heures ! et les funérailles de Ripault-Babin qui n'étaient pas finies de régler.

« Au fait, oui... ce pauvre Ripault-Babin... » fit Danjou d'un ton de gouaille.

« Il est mort à temps, celui-là !... » déclama sombrement Laniboire. Mais l'effet de son mot fut perdu. L'huissier criait : « A vos places... » le directeur agitait sa sonnette, ayant à sa droite le chancelier Desminières et, à sa gauche, le secrétaire perpétuel lisant avec sa calme assurance reconquise le rapport de la commission des obsèques, parmi des chuchotements animés et les tintements du grésil sur le vitrage.

« Comme vous avez fini tard, aujourd'hui !... » ronchonna Corentine ouvrant la porte à son maître... Encore une que l'Institut n'impressionnait pas... « Monsieur Paul est dans votre cabinet avec madame... passez par les archives... le salon est plein de monde pour vous. »

Sinistres, ces archives où restaient seulement les appuis des cartonniers, comme après un vol ou un incendie. Il évitait d'y entrer, d'ordinaire, mais aujourd'hui les traversa fièrement, redressé par la résolution prise, par la déclaration qu'il venait de faire en séance. Après ce grand effort de volonté, de courage, l'idée que son fils l'attendait lui était douce, une détente. Il ne l'avait pas revu depuis le duel, depuis l'émotion ressentie devant son grand garçon couché, plus blanc que ses draps, et se faisait une joie d'aller à lui, les bras tout grands, de le prendre, de le serrer longtemps, bien fort, sans rien dire. Mais sitôt entré, en voyant la mère et le fils rapprochés, chuchotant les yeux à terre, toujours avec leur air mystérieux et complice, son effusion tomba.

« Mais arrivez donc, mon Dieu ! » dit Mme Astier, coiffée pour sortir ; puis à demi sérieuse.

sur un ton de présentation : « Cher ami... monsieur le comte Paul Astier.

— Maître... » fit Paul s'inclinant.

Astier-Réhu les regardait tous deux, fronçant ses gros sourcils : « le comte Paul Astier ?... »

Le garçon, toujours joli sous le hâle de ses six mois de plein vent, raconta qu'il venait de s'offrir un titre de comte romain, moins pour lui que pour honorer celle qui allait prendre son nom.

« Tu te maries ? » demanda le père de plus en plus méfiant. « ... Et avec ?

— La duchesse Padovani.

— Tu es fou !... Mais elle a vingt-cinq ans de plus que toi, la duchesse... et puis... et puis... » Il hésitait, cherchait une formule respectueuse, et enfin, brutalement : « On n'épouse pas une femme qui, au vu et au su de tous, vient d'appartenir pendant des années à un autre homme !

— Ce qui ne nous a jamais gênés, du reste, pour dîner régulièrement chez elle et lui avoir une foule d'obligations... » siffla Mᵐᵉ Astier, sa petite tête dressée pour l'attaque. Sans lui répondre ni même la regarder, comme ne la jugeant pas compétente en ces choses de l'honneur, le bonhomme joignit son fils, et d'un accent convaincu, les larges méplats de ses joues remués par l'émotion : « Ne fais pas cela, Paul... pour le nom que tu portes, ne fais pas cela, mon enfant; je t'en prie ! » Il l'empoignait par l'épaule, le secouait d'un geste attendri, à la vibration de ses paroles. Mais le jeune homme se dégageait, n'aimant pas ces démonstrations, se défendait de phrases vagues : « Je ne trouve pas... ce n'est pas mon sentiment... » Et devant la fermeture de ce visage au fuyant regard, ce fils qu'il sentait si loin de lui, le père, instinctivement, élevait la voix, invoquant son droit de chef de famille. Un sourire qu'il surprit entre Paul et sa mère, preuve nouvelle de leur connivence en cette ignominie, acheva de l'exaspérer. Il tonna, délira, menaçant de protester publiquement, d'écrire aux journaux, de les flétrir tous deux, la mère et le fils, dans son histoire. C'était sa menace terrible entre toutes ! Quand il disait d'un personnage du passé : « Je l'ai flétri dans mon histoâre... » nul châtiment ne lui semblait comparable. Pourtant, les deux alliés ne s'en émouvaient guère. Mᵐᵉ Astier, faite à cette menace de flétrissure presque autant qu'au charriement de la malle par les couloirs, se contenta de dire en boutonnant ses gants : « Vous savez qu'on entend tout d'à côté. » Malgré la porte et les tentures, la rumeur d'une causerie se distinguait, venue du salon.

Alors, comprimant et râlant sa colère : « Écoute-moi bien, Paul, » dit Léonard Astier, l'index levé dans la figure du garçon, « si cette chose dont tu parles s'accomplit, ne compte pas me revoir jamais... Je ne serai pas là le jour de ton mariage... Je ne veux pas de toi, même à mon lit de mort... Tu n'es plus mon fils... Je te chasse et je te maudis. » Paul répondit, très calme, avec une retraite de corps devant le doigt qui le frôlait : « Oh ! vous savez, mon cher père... maudire, bénir, ce sont de ces affaires qui ne se font plus dans les maisons. Même au théâtre, on ne maudit plus, on ne bénit plus.

— Mais on châtie encore, monsieur le drôle ! » gronda le vieux, la main haute. Il y eut un cri furieux de la mère : « Léonard !... » tandis que d'une alerte parade de boxe, Paul détournait le coup, aussi tranquille que dans la salle de Keyser, et sans lâcher le poignet rabattu, murmurait : « Ah ! non, pas ça, jamais !... »

Le vieil Auvergnat, furieux, essayait de se dégager. Mais si vigoureux qu'il fût encore, il avait trouvé son maître ; et pendant cet horrible instant où le père et le fils se soufflaient leur haine dans la figure, croisaient des regards d'assassins, la porte du salon s'entre-bâilla, laissant passer le sourire poupin et bon enfant d'une grosse dame panachée de plumes et de fleurs : « Pardon, cher maître, rien qu'un mot... tiens ! Adélaïde est là... et monsieur Paul, aussi... charmant... divin... Oh... Ah !... un tableau de famille... »

Tableau de famille, en effet ; mais de la famille moderne, atteinte de la longue fêlure qui court du haut en bas de la société européenne, l'attaque dans ses principes de hiérarchie, d'autorité ; fêlure plus saisissante ici, à l'Institut, sous la majestueuse coupole, où se jugent et se récompensent les vertus domestiques et traditionnelles.

XVI

On s'étouffait, à la huitième chambre, où l'affaire Albin Fage venait enfin après une interminable instruction et tout un jeu de hautes influences pour entraver la procédure. Jamais cette salle de la Correctionnelle dont les murs d'un bleu moisi, aux pâles dorures en losanges, exhalent une odeur de graillon et de misère, n'avait vu se presser sur ses bancs sordides, s'empiler debout aux passages une telle cohue élégante et mondaine, tant de chapeaux fleuris, de toilettes printanières à la marque des grands faiseurs, que tranchait violemment le noir mat des toges et des toques. Et du monde arrivait encore par le tambour de l'entrée dont les deux portes battaient continuellement sous un flot moutonnant de têtes serrées, dressées, soulevées dans la lumière blanche du palier.

Toutes connues, archi-connues, banales à faire pleurer, ces effigies des fêtes parisiennes, enterrements chics ou grandes premières : Marguerite Oger à l'avant-garde, et la petite comtesse de Foder, et la belle Mme Henry de la légation américaine. Puis les dames congréganistes de l'Académie : Mme Ancelin en mauve, au bras du bâtonnier Raverand; Mme Eviza, un buisson de petites roses, entourée d'un essaim noir et bourdonnant de jeunes stagiaires; et, derrière le tribunal, aux places réservées, Danjou, debout, les bras croisés, dominant l'assistance et les juges, détachant sur la vitre haute son profil aux dures arêtes régulières de vieux cabot qu'on voit partout depuis quarante ans, prototype de la banalité mondaine et de ses uniformes manifestations. A part Astier-Réhu et le baron Huchenard cités comme témoins, il était le seul académicien ayant osé affronter les plaidoiries, surtout l'avocat d'Albin Fage, ce terrible ricaneur de Margery dont le « couin » nasillard fait pouffer, rien qu'à l'entendre, la salle et le tribunal.

On allait rire, cela se devinait dans l'air, dans les folichonneries des toques inclinées, dans l'allumage et le retroussis malin des yeux et des bouches s'adressant de loin de petits signes avertisseurs. Tant de racontars se débitaient sur les prouesses galantes de ce petit bossu que l'on venait d'introduire au banc des prévenus, et qui, levant sa longue tête pommadée, jetait dans la salle, par-dessus la barre, un de ces regards en coup d'épervier, auxquels les femmes ne se trompent pas. On parlait de lettres compromettantes, d'un mémoire de l'accusé citant carrément les noms de deux ou trois grandes mondaines, ces noms toujours les mêmes, trempés et retrempés dans toutes les sales affaires. Un exemplaire en circulait, de ce factum, sur les bancs des journalistes, une autobiographie naïve et prétentieuse, où la fatuité de l'avorton se doublait de cette vanité spéciale à l'ouvrier « qui s'est instruit lui-même; » mais en définitive aucune des révélations annoncées.

Fage se contentait d'informer messieurs les juges qu'il était né près de Vassy (Haute-Marne), droit comme tout le monde, — c'est la prétention commune aux bossus, — et qu'une chute de cheval, à quinze ans, lui avait dévié et renflé le dos. Ainsi qu'à la plupart de ses congénères, dont la formation sexuelle est très lente, le goût de la femme lui était venu tard, mais avec une violence inouïe, alors qu'il travaillait chez un libraire du passage des Panoramas. Sa difformité le gênant pour ses conquêtes, il chercha un moyen de gagner beaucoup d'argent; et l'histoire de ses amours alternée avec celle de ses faux, des procédés employés, encres et parchemins, présentait des titres de chapitres comme celui-ci : « *Ma première victime. — Angélina, brocheuse. — Pour un ruban feu. — La foire aux pains d'épices. — J'entre en relations avec Astier-Réhu. — L'encre mystérieuse. — Défi aux chimistes de l'Institut...* »

Il restait surtout de cette lecture l'effarement que le secrétaire perpétuel de l'Académie française, la science et la littérature officielles, se fussent laissé duper, deux ou trois ans de suite, par cette ignorante cervelle d'infirme bourrée de détritus de bibliothèque, de rognures de livres mal digérées ; là était l'énorme drôlerie de l'affaire et la cause de cette affluence. On venait voir l'Académie sur la sellette en la personne d'Astier-Réhu que tous les regards cherchaient au premier rang des témoins, immobile, absorbé, répondant à peine et sans tourner la tête aux plates adulations de Freydet debout derrière lui, ganté de noir, un grand crêpe au chapeau, dans le deuil tout récent de sa sœur. Cité par la défense, le bon candidat craignait que cela lui fît du tort dans l'esprit de son maître, et il s'excusait, expliquait comment il avait rencontré ce misérable Fage chez Védrine ; mais son chuchotement se perdait dans le bruit de la salle et le ronron du tribunal appelant, expédiant les causes, le monotone : « A huitaine… à huitaine… » tombant comme un éclair de guillotine, coupant court aux réclamations des avocats, à la plainte suppliante de pauvres diables, rouges, s'épongeant le front devant la barre : « Mais, monsieur le président... — A huitaine. » Quelquefois, du fond de la salle, un cri en larmes, des bras éperdus : « Je suis là, m'sieu le président... mais j'peux pas arriver... y a trop de monde. — A huitaine. » Ah! quand on a vu de ces déblayages, et les balances symboliques fonctionner avec cette dextérité, on garde une forte idée de la Justice. C'est à peu près la sensation d'une messe de mort expédiée en bousculade par un prêtre étranger, à un enterrement de pauvre.

Enfin la voix du président appela : « Affaire Albin Fage... » Un grand silence dans la salle et jusqu'à l'extrémité du palier où des gens montaient sur des bancs, pour voir. Puis, après un court marmottage à la barre, les témoins défilèrent entre des rangs serrés de toges pour gagner la salle qui leur est réservée, morne et nue, aux carreaux dérougis s'éclairant mal sur une étroite ruelle. Astier-Réhu, qui devait être appelé le premier, n'entra pas, marcha dans l'ombre du couloir entre les deux salles. A de Freydet qui voulait rester avec lui, il déclara sourdement : « Non, non... laissez-moi... Je veux qu'on me laisse !... » Et le candidat, tout penaud, dut se mêler aux autres témoins, causant par petits groupes : le baron Huchenard, Bos le paléographe, le chimiste Delpech de l'Académie des Sciences, des experts en écriture, puis deux ou trois jolies filles, de celles dont les portraits paraient les murs de la chambre d'Albin Fage, ravies de la réclame qu'allait leur valoir le procès, riant très haut, étalant d'ébouriffants « directoire » en contraste avec le bonnet de linge et les mitaines en tricot de la concierge de la Cour des Comptes. Védrine cité lui aussi, Freydet vint s'asseoir à son côté sur le large rebord de la fenêtre ouverte. Pris, emportés dans ces courants contraires qui, à Paris, séparent les existences, les deux camarades ne s'étaient plus revus, depuis l'été d'avant, qu'aux obsèques récentes de la pauvre Germaine. Et

Védrine serrait les mains de son ami, s'informait de sa santé, de son état d'esprit après ce coup terrible. Le candidat haussa les épaules : « C'est dur... certainement, c'est dur, mais que veux-tu? J'y suis fait... » L'autre arrondissant les yeux en face d'un aussi farouche égoïsme... « Dame ! pense donc... deux fois, en un an, qu'ils me retoquent... »

Le coup terrible, le seul, pour lui, c'était son échec au fauteuil de Ripault-Babin qui venait de lui échapper comme celui de Loisillon ; il comprit ensuite, poussa un profond soupir... Ah ! oui... Sa Germaine... Elle s'en était donné du mal tout l'hiver pour cette malheureuse candidature... Deux dîners par semaine, et jusqu'à minuit, une heure du matin, manœuvrant son fauteuil mécanique dans tous les coins du salon... Elle y avait sacrifié ses dernières forces, plus passionnée encore, plus acharnée que son frère... A la fin, tout à la fin, quand elle ne pouvait plus parler, ses pauvres doigts tordus faisaient du pointage sur le bord du drap. « Oui, mon cher, elle est morte en pointant, en supputant mes chances à ce damné fauteuil... Oh ! mais rien que pour elle j'en serai, de leur Académie, et malgré eux, pour la joie de cette chère mémoire... » Il s'arrêta court ; puis la voix changée, descendue :

« Au fait, je ne sais pas pourquoi je te dis ça... La vérité, c'est que depuis qu'ils m'ont enfoncé ce désir sous le front, je ne peux plus penser à rien autre... Ma sœur est morte, à peine si je l'ai pleurée... Il fallait faire mes visites, solliciter pour l'Académie, comme dit Chose. J'en dessèche, j'en crève... une vraie folie. »

Dans la brutalité de ces paroles, l'accent fiévreux qui les encolérait, le sculpteur ne retrouvait plus son Freydet si doux, si poli, épanoui de vivre. L'œil distrait, le pli soucieux du front, la brûlure de sa poignée de mains attestaient la passion, l'idée fixe ; pourtant la rencontre de Védrine semblait l'avoir un peu détendu, et, tendrement, il l'interrogeait : « Que fais-tu ?... que deviens-tu ?... ta femme ?... tes enfants ?... » L'ami répondait avec son tranquille sourire.

Grâce à Dieu, toute la smala était bien. On allait sevrer la petite. Le garçon continuait à remplir sa fonction d'être beau, à guetter avec inquiétude le centenaire du vieux Réhu. Quant à lui, il travaillait. Deux tableaux au salon, cette année, pas mal placés, pas mal vendus. En revanche, un créancier aussi imprudent que féroce avait saisi le paladin qui, d'étape en étape, encombrant d'abord un superbe rez-de-chaussée de la rue de Rome, déménagé ensuite dans une écurie des Batignolles, se morfondait maintenant sous le hangar d'un nourrisseur à Levallois, où, de temps en temps, on allait le visiter en famille.

« Voilà la gloire ! » ajoutait Védrine en riant, pendant que la voix de l'huissier réclamait le témoin Astier-Réhu. La silhouette du secrétaire perpétuel se découpa une minute sur la lumière poudreuse du tribunal, très droite, très ferme, mais son dos qu'il ne surveillait pas, ses larges épaules frissonnantes trahissaient une vive émotion. « Pauvre Crocodilus ! murmura le sculpteur, il passe par de rudes épreuves...

Cette histoire d'autographes, le mariage de son fils...

— Paul Astier est marié?

— Depuis trois jours, avec la duchesse... Une espèce de mariage morganatique sans autre assistance que la maman du jeune homme et les quatre témoins... J'en étais, comme tu penses, puisqu'une fatalité singulière m'associe à tous les faits et gestes de cette famille Astier. »

Et Védrine disait son saisissement en voyant paraître, dans cette salle de mairie, la duchesse Padovani, pâle comme une morte, encore fière, mais navrée, désenchantée, sous une toison de cheveux gris, ses pauvres beaux cheveux qu'elle ne prenait plus la peine de teindre. A côté d'elle, Paul Astier, monsieur le comte, souriant et froid, toujours joli... On se regarde, personne ne trouve un mot, excepté l'employé qui, après avoir dévisagé les deux vieilles dames, éprouve le besoin de dire en s'inclinant, la mine gracieuse :

« Nous n'attendons plus que la mariée...

— Elle est là, la mariée, » répond la duchesse s'avançant la tête haute.

De la mairie, où l'adjoint de service a le bon goût de leur épargner tout discours, on file à l'Institut catholique, rue de Vaugirard. Église aristocratique, toute dorée, fleurie, un flamboiement de lustres, et personne. Rien que la noce sur un seul rang de chaises, écoutant Monseigneur Adriani, le nonce du pape, baragouiner une interminable homélie qu'il lisait, tout imprimée, dans un cartulaire à enluminures. Et c'était beau, ce prélat mondain, son grand nez, sa lèvre mince, les épaules étriquées sous sa pèlerine violette, parlant « des traditions d'honneur de l'époux, des grâces juvéniles de l'épouse » avec un regard de côté, farceur et noir, qui tombait sur les prie-Dieu en velours du triste couple. Puis la sortie, de froids saluts échangés entre les arcades du petit cloître, et le soupir soulagé de la duchesse, son « C'est fini, mon Dieu ! » avec l'intonation désespérée de la femme qui a mesuré le gouffre et s'y jette les yeux ouverts, pour tenir un engagement d'honneur.

« Ah ! du sombre, du lamentable, continuait Védrine, j'en ai vu dans mon existence, mais rien de plus navrant que ce mariage de Paul Astier !

— Fier gredin tout de même, notre jeune ami ! dit Freydet entre ses dents.

— Oui, un de nos jolis *strugforlifeurs !* »

Le sculpteur répéta le mot en l'accentuant : « Struggle-for-lifeurs ! » désignant ainsi cette race nouvelle de petits féroces à qui la bonne invention darwinienne de « la lutte pour la vie » sert d'excuse scientifique en toutes sortes de vilenies. Freydet reprit :

« Enfin, toujours, le voilà riche... ce qu'il voulait... Son nez ne l'a pas fait dévier, cette fois !

— Attendons, il faudra voir !... La duchesse n'est pas commode ; et lui, avait un sacré mauvais œil à la mairie !... Si sa vieille dame l'ennuie trop, nous pourrions bien le retrouver en cour d'assises, ce fils et petit-fils d'immortels !

— Témoin Védrine ! » appela l'huissier à toute voix. En même temps, l'énorme éclat de rire d'une foule pressée et communicative s'échappait du battement de la porte. « Cristi! on ne s'embête pas, là-dedans! » dit le garde de Paris de planton dans le couloir.

La salle des témoins, vidée peu à peu pendant la causerie des deux copains, ne renfermait plus que Freydet et la concierge de la Cour des Comptes, effarée de paraître en justice et tortillant les brides de son bonnet d'un mouvement maniaque. Pour le Candidat, au contraire, l'occasion était unique d'encenser publiquement l'Académie française et son secrétaire perpétuel, dans un petit speech très reproduit par les feuilles et comme le prologue de son discours de réception. Seul, maintenant que la bonne femme passait à son tour, il arpentait la pièce, stationnait devant la fenêtre, arrondissait des périodes et de beaux gestes gantés de noir. Et voici que de la maison en face, on s'y méprenait, une lugubre masure dartreuse et sombre, suant les immondes et honteux métiers qu'elle abritait... Une main grasse au bras nu écartait un rideau rose, esquissait une invitation équivoque... « Oh! ce Paris!... » Le front du récipiendaire s'en couvrit d'une rougeur de honte. Il s'éloigna vivement de la croisée, se réfugia dans le couloir.

« C'est le ministère qui parle à cette heure... » lui chuchota le planton, pendant qu'une voix faussement indignée clamait dans l'atmosphère surchauffée de la salle : « ... Vous avez abusé de l'innocente passion d'un vieillard... »

Freydet pensa tout haut : « Eh! bien... Et moi?...

— Faut croire qu'ils vous ont oublié...

— Toujours, donc! » se dit tristement le pauvre diable.

Une formidable explosion de fou rire accueillait à cette minute le déballage de la fausse collection Mesnil-Case : lettres de rois, de papes, d'impératrices, Turenne, Buffon, Montaigne, La Boëtie, Clémence Isaure, et à chaque nouveau nom de cette énumération fantastique, montrant l'énorme candeur de l'historien officiel, tout l'Institut berné par ce petit gnome, la joie de la foule redoublait. Freydet ne put entendre davantage ce rire irrespectueux qui bafouait son protecteur et son maître Astier-Réhu, d'autant qu'il se sentait frappé lui-même en retour, sa candidature encore une fois compromise. Il s'échappa, descendit, erra longtemps dans les cours, puis sur le trottoir devant la grille, se confondit enfin au remous de la sortie générale, parmi les galopades de la livrée, le tumulte des voitures, dans la belle lumière finissante d'une journée de juin où les ombrelles roses, blanches, mauves ou vertes tendaient en s'ouvrant des colorations de grandes fleurs. Des fusées de gaîté partaient encore de tous les groupes, comme à la sortie d'une pièce très farce... Salé, le petit bossu ; cinq ans de prison et les dépens, mais ce que l'avocat a été drôle !... Marguerite Oger s'esclaffait, son rire du « deux » dans *Musidora* : « Ah ! mes enfants... mes enfants... » et Danjou, conduisant Mme Ancelin à sa voiture, disait tout haut cyniquement : « C'est un crachat dans la figure de l'Académie... en plein... mais si bien envoyé !... »

Léonard Astier, qui s'éloignait seul, sans tourner la tête, entendait ces propos et d'autres encore, malgré les avertissements de l'un à l'autre : « Prenez garde, il est là... » Et c'était le commencement pour lui de la déconsidération, son ridicule connu, raillé de Paris tout entier.

« Donnez-moi le bras, mon bon maître. » Freydet l'avait rejoint, cédant à un irrésistible élan du cœur.

« Ah! mon ami, quel bien vous me faites! » dit le vieillard d'une voix sourde et mouillée.

Ils marchèrent quelque temps en silence. La verdure des quais ombrait et parait les pierres; les bruits de la rue et de l'eau sonnaient dans l'air joyeux. Un de ces jours où il semble que la misère humaine fait trêve.

« Nous allons? demanda Freydet.

— Où vous voudrez... mais pas chez moi... » dit le bonhomme à qui cette idée de la scène que sa femme allait lui faire causait une terreur d'enfant.

Ils dînèrent tous deux au Point-du-Jour,

après avoir marché longtemps le long de l'eau ; et les bonnes paroles du disciple aidant la douceur de la soirée, Astier-Réhu rentrait chez lui fort tard, apaisé, remis de ses cinq heures de pilori sur le banc de la huitième chambre, cinq heures à subir, les mains liées, le rire outrageant de cette foule et le jet de vitriol de l'avocat. « Riez, riez, messieurs les babouins !... la postérité jugera. » Il se consolait ainsi, en traversant les grandes cours de l'Institut où tout dormait, les vitres éteintes, la baie des escaliers faisant à droite et à gauche de grands trous noirs, rectangulaires. Monté à tâtons, il gagna son cabinet sans bruit, sans lumière, comme un voleur. C'est là que depuis le mariage de Paul et sa rupture avec son fils, il se jetait tous les soirs sur un lit improvisé pour échapper à ces tenaces discussions nocturnes, où la femme reste puissante, même quand elle a cessé d'être femme, par l'infatigable ressource de ses nerfs, et où l'homme finit par tout céder, tout promettre, pour la paix, la liberté du sommeil !

Dormir ! jamais il n'en avait senti le besoin

comme à la fin de cette longue journée d'émotions et de fatigues, et il entrait dans l'ombre de son cabinet, déjà comme dans du repos, quand il distingua une vague forme humaine à l'angle de la fenêtre.

« Eh bien ! vous voilà content... » Sa femme ! Sa femme qui le guettait, qui l'attendait, dont le petit sifflement le tint immobile au milieu du noir, à écouter... « Vous l'avez eu, votre procès... Vous vouliez du ridicule, vous en êtes couvert, inondé des pieds à la tête, à ne plus oser vous montrer... Ah ! c'était bien la peine de crier que votre fils déshonorait le nom d'Astier ; mais ce nom, grâce à vous, le voilà devenu synonyme d'ignorance et de jobardise, on ne peut plus le prononcer sans rire... Tout ça, je vous demande... pour sauver votre œuvre historique... Jeannot !... Qui la connaît, votre œuvre historique ? Qui cela intéresse-t-il que vos documents soient faux ou vrais ? Vous savez bien qu'on ne vous lit pas... »

Elle allait, elle allait, distillant son aigre filet de voix au diapason le plus haut, et, pour lui, c'était le pilori qui continuait, l'insulte officielle qu'il écoutait comme tantôt, comme au tribunal, sans une interruption, sans un mouvement de menace, avec le sentiment d'une autorité hors d'atteinte et de toute réplique. Mais, qu'elle était cruelle, cette bouche invisible qui le mordait, le blessait partout, et fouillait à petits coups de dents son honneur d'homme et d'écrivain. … Jolis, ses livres ! S'imaginait-il, par hasard, qu'ils lui avaient valu l'Académie. Mais c'est à elle seule qu'il le devait, son habit vert ! Une vie d'intrigues, de manèges, pour forcer les portes, une après l'autre… toute sa jeunesse de femme sacrifiée aux déclarations chevrotantes, aux entreprises de vieux qui la soulevaient de dégoût… « Dame ! mon cher, il fallait bien… On entre à l'Académie avec du talent ; vous n'en avez pas… ou un grand nom, ou une haute situation… Tout vous manquait… Alors, je m'en suis mêlée !… » Et de peur qu'il en doutât, qu'il pût voir dans ses paroles l'exaspération d'une femme blessée, humiliée dans sa vanité d'épouse, dans sa tendresse aveugle de mère, elle précisait les détails de son élection, lui rappelait son fameux mot sur les voilettes de Mᵐᵉ Astier, qui sentaient le tabac, malgré qu'il ne fumât jamais... « Un mot, mon cher, qui vous a rendu plus célèbre que tous vos livres... »

Il eut une plainte basse et profonde, le cri sourd d'un homme éventré qui retient ses entrailles à deux mains. La petite voix aiguë continuait sans s'émouvoir : « Eh ! faites-la donc, mon Dieu, votre malle, une bonne fois ! qu'on n'entende plus parler de vous... Notre Paul est riche, heureusement... Il vous enverra de quoi manger... car vous pensez bien que, maintenant, vous ne trouverez ni un éditeur ni une revue qui veuille de vos inepties, et c'est le prétendu déshonneur de votre fils qui vous empêchera de mourir de faim.

— C'en est trop ! » murmura le pauvre homme s'en allant, fuyant cette fureur cinglante ; et tâtant les murs, enfilant les couloirs et les escaliers, et les cours sonores, il répétait, pleurant presque : « C'en est trop... c'en est trop... »

— Où va-t-il ?

Droit devant lui, comme en rêve ; il franchit la place et la moitié du pont dont la fraîcheur le ranime. Il s'assied sur un banc, relève son chapeau et ses manches pour calmer ses artères battantes. Peu à peu le bruissement régulier de l'eau le calme, il se reprend, mais c'est pour se rappeler et souffrir... Quelle femme ! Quel monstre ! Et il a pu vivre trente-cinq ans à côté d'elle sans la connaître... Un frisson d'horreur le secoue, au souvenir de tant d'abominations qu'il vient d'entendre. Elle n'a rien épargné, rien laissé de vivant en lui, pas même cet orgueil qui le tenait encore debout : sa foi dans son œuvre, sa croyance à l'Académie. Et songeant à l'Académie, instinctivement il se retourne. Au bout du pont désert, élargi en une immense avenue jusqu'au pied du monument, le palais Mazarin massé, resserré dans la nuit, dresse son portique et sa coupole comme sur la couverture des Didot, tant regardée en sa jeunesse... Oh ! ce dôme, ces pierres, but décevant, cause de son malheur... C'est là qu'il est venu chercher sa femme, sans amour, sans joie, pour la promesse de l'Institut. Il l'a eue, oui, cette place enviée ! il sait comment... Et c'est du propre !...

... Des pas, des rires sonnent sur le pont, se rapprochent : Des étudiants revenant au quartier avec leurs maîtresses. Il a peur d'être reconnu, se lève, s'appuie à la rampe ; et, pendant que la bande le frôle sans le voir, il songe amèrement qu'il ne s'est jamais amusé, jamais donné un beau soir comme celui-là, pour chanter follement sous les étoiles, — l'ambition toujours tendue, en marche vers cette coupole de temple, qui lui a fourni en retour... quoi ? Rien, le Néant... Déjà, il y a bien longtemps, le jour de sa réception, les discours finis, les malices échangées, il a eu cette impression de vide et d'espoir mystifié ; dans le fiacre qui le ramenait chez lui pour quitter l'habit vert, il se disait : « Comment ! J'y suis ?... Ce n'est que ça ! » Depuis, à force de se mentir, de répéter avec ses collègues que c'était bon, exquis, les délices des délices, il a fini par y croire... Mais, à présent, le voile est tombé, il y voit clair et voudrait crier par cent voix à la jeunesse française : « Ce n'est pas vrai... On vous trompe... L'Académie, un leurre, un mirage !... Faites votre route et votre œuvre, en dehors d'elle... Surtout, ne lui sacrifiez rien, car elle n'a rien à vous donner de ce que vous n'apporterez pas, ni le talent, ni la gloire, ni le suprême contentement de soi... Ce n'est ni un recours, ni un asile, l'Académie !... Idole creuse, religion qui ne console pas. Les grandes misères de la vie vous assaillent là comme ailleurs... On s'y est tué, sous cette coupole; on y est devenu fou ! Et ceux qui dans leur détresse se sont tournés vers elle, qui lui ont tendu des bras découragés d'aimer ou de maudire, n'y ont étreint qu'une ombre... et le vide... le vide... »

Il parle tout haut, tête nue, tenant le parapet à deux mains, le vieux professeur, comme autrefois, à son cours, au rebord de sa chaire. En bas, le fleuve roule, nuancé de nuit, entre ses files de réverbères, qui clignotent avec cette vie silencieuse de la lumière, inquiétante comme tout ce qui se meut, regarde, et ne s'exprime pas. Sur la berge un chant d'ivrogne festonne en s'éloignant :

« *Quand Cupidon... le matin... che réveille...* »

Quelque Auvergnat en goguette regagnant son bateau à charbon. Cela lui rappelle Teyssèdre, le frotteur, et son verre de vin frais ; il le voit essuyant sa bouche d'un revers de manche : « Il n'y a que cha de bon dans la vie ! » Même cette humble joie de nature, lui, ne l'a pas connue, il est obligé de l'envier. Et se sentant seul, sans recours, sans une épaule pour pleurer, il comprend que cette gueuse là-haut avait raison et qu'il faut la faire une bonne fois, sa malle !...

Des sergents de ville trouvèrent, au matin, sur un banc du pont des Arts, un chapeau à larges bords, un de ces chapeaux qui gardent un peu de la physionomie de leur propriétaire. Dedans, une grosse montre en or, une carte de visite au nom de « Léonard Astier-Réhu, secrétaire perpétuel de l'Académie française, » sabrée en travers, de cette ligne au crayon : « Je meurs ici volontairement... » Oh! oui, bien volontairement! Et mieux encore que sa petite phrase d'une longue et ferme écriture, l'expression de ses traits, les dents serrées, la mâchoire avançante et violente disaient sa ferme résolution de mourir, quand, après une matinée de recherches, les mariniers le retirèrent des larges maillons d'un filet de fer entourant des bains de femmes, tout près du pont. Il fut porté d'abord au poste de secours où le secrétariat de l'Institut vint le reconnaître. Ce n'était pas le premier Perpétuel qu'on tirait de la Seine ; même chose s'était déjà produite du temps de Picheral le père, presque dans les mêmes circonstances. Aussi Picheral le fils n'en semblait pas très ému, curieux seulement à voir frétiller sur la large berge, en habit, le crâne nu et luisant comme un jeton.

L'horloge du palais Mazarin sonnait une heure quand le brancard du poste, au pas lourd des porteurs, entra sous la voûte, marquant son chemin de sinistres mouillures. Au bas de l'escalier B, on reprit haleine. Un grand carré de ciel bleu se découpait au-dessus de la cour aveuglante de soleil. La toile du brancard un instant soulevée, les traits de Léonard Astier-Réhu se montrèrent une dernière fois à ses collègues de la commission du dictionnaire qui venaient de lever la séance en signe de deuil. Ils se tenaient autour, la tête découverte, moins tristes encore que saisis et scandalisés. Des curieux s'arrêtaient aussi, des ouvriers, petits employés, apprentis, car l'Institut sert de passage entre la rue Mazarine et le quai; parmi eux, le candidat Freydet qui, tout en s'essuyant les yeux, pleurant son maître, son bon maître, songeait au fond de lui, et non sans quelque honte, qu'un nouveau fauteuil était vacant.

Juste à ce moment le vieux Jean Réhu descendait pour sa promenade de digestion. Il ne savait rien, parut étonné devant cette foule qu'il dominait des dernières marches de l'escalier et s'approcha pour voir, malgré ceux qui l'éloignaient d'un geste effaré. Comprit-il? Reconnut-il? Ses traits restaient immobiles, ses yeux aussi inexpressifs que ceux de la Minerve, là-bas, sous son casque de bronze; puis, ayant bien regardé, pendant qu'on rabattait la toile à raies sur le pauvre visage du mort, il s'en alla, droit, fier, son ombre immense à côté de lui, véritable Immortel, celui-là, et son hochement de tête semblait dire :

« J'ai encore vu ça, moi ! »

FIN

Paris. — Imp. A. LEMERRE, 25, rue des Grands-Augustins

Original en couleur

NF Z 43-120-8

www.ingramcontent.com/pod-product-compliance
Lightning Source LLC
Chambersburg PA
CBHW060553170426
43201CB00009B/759